我的读博生活
——博士生身份认同质性研究

都仁 ◎ 著

WO DE
DUBO SHENGHUO

BOSHISHENG SHENFEN
RENTONG ZHIXING YANJIU

群言出版社
QUNYAN PRESS
·北京·

图书在版编目（CIP）数据

我的读博生活：博士生身份认同质性研究 / 都仁著.
北京：群言出版社，2025.3.
ISBN 978-7-5193-1042-4

Ⅰ．G643.7

中国国家版本馆 CIP 数据核字第 2025EE7167 号

责任编辑：陈　芳
封面设计：中通世奥

出版发行：群言出版社
地　　址：北京市东城区东厂胡同北巷 1 号（100006）
网　　址：www.qypublish.com（官网书城）
电子信箱：qunyancbs@126.com
联系电话：010-65267783　65263836
法律顾问：北京法政安邦律师事务所
经　　销：全国新华书店

印　　刷：德富泰（唐山）印务有限公司
版　　次：2025 年 3 月第 1 版
印　　次：2025 年 3 月第 1 次印刷
开　　本：710mm×1000mm　　1/32
印　　张：7.375
字　　数：71 千字
书　　号：ISBN 978-7-5193-1042-4
定　　价：49.00 元

【版权所有，侵权必究】

如有印装质量问题，请与本社发行部联系调换，电话：010-65263836

目 录
CONTENTS

一 博士生教育中的身份认同 ………… *1*

（一）"我从哪里来"：读博动机的
多元性与复合性 ………… *5*

（二）"我要到哪去"：职业"管道泄漏"
引发的身份建构冲突 ………… *8*

（三）我国博士生的身份认同 ………… *12*

二 研究方法 ………… *21*

（一）文献研究法 ………… *22*

（二）访谈调查法 ………… *24*

（三）教育叙事 ………… *26*

·1·

三 我国博士生身份认同的内涵 ………… *33*

（一）博士生身份认同的内涵类别 …… *35*

（二）博士生身份认同的学术内涵 …… *38*

（三）博士生身份认同的就业内涵 …… *52*

（四）博士生身份认同的文化内涵 …… *63*

四 我国博士生身份认同的现状 ………… 78

（一）不快乐的"好学生" ………… *84*

（二）孤独的浮萍 ………… *91*

（三）理想博士 ………… *99*

（四）困在原地的士人 ………… 106

五 博士生身份认同的时空讨论 ………… *114*

（一）时间流动中的关键事件 ……… *114*

（二）空间切片中的关键要素 ……… *124*

（三）兴趣与训练的相生效应：学术志趣
的形成 ……… *129*

目 录

六 博士生访谈教育叙事示例 ……………… *134*

直博生小张的科研之路：从迷茫到自信的转变与职业规划 …………… *134*

小马的博士之旅：非典型学术道路的自我探索与成长 …………………… *138*

小朱的学术探索：博士生涯的挑战、适应与自我发现 ………………… *141*

小萌的博士之路：从学历崇拜到学术追求的自我探索与职业规划 ……… *144*

小袁的学术探索：从自学到交叉学科研究的博士生成长之旅 ……………… *146*

小夏的博士生涯：从教育行业变革到高校职业规划的学术之旅 …………… *149*

小杨的学术探索：博士生身份认同的自我实现 ……………………………… *152*

小赵的博士之路:通信与信息系统博士生的挑战与成长…… *155*

小王的博士生活:教育经济学博士生的期望、挑战与自我探索…… *157*

小潘的博士之旅:从学术向往到职业规划的博士生…… *160*

小郝的博士生涯:从学术热情到公务员职业规划的博士…… *163*

小刘的学术之路:博士生的成长与职业抉择…… *166*

小黄的学术探索:博士生的成长与自我挑战…… *169*

小华的留学博士生涯:人工智能与计算机视觉领域的探索与成长…… *171*

小巩的博士之路:草学专业博士生的自我探索与职业追求…… *174*

目 录

小欢的学术追求：管理学博士生的教育理想与职业规划……… *176*

小白的直博之路：信号与信息处理博士生的研究挑战与职业转变……… *179*

小孔的博士探索：计算机科学与工程博士生的研究与职业抉择……… *182*

小石的研究之旅：生物医药博士生的跨文化学术探索与职业发展……… *185*

小李的学术追求：公共管理博士生的成长之路与职业规划……… *188*

小钱的求知之旅：人文社科博士生的学术探索与自我发现……… *190*

小严的学术追求：土地管理博士生的求学之路与职业规划……… *194*

小孙的学术探索：国际关系博士生的跨专业学习与职业展望……… *198*

小周的求知之旅：行政管理博士生的学术探索与职业规划 ………… 201

小文的学术之路：文科博士生的挑战与职业迷茫 ………… 204

小郑的学术探索：公共管理博士生的自我怀疑与职业展望 ………… 206

小许的学术之旅：公共管理博士生的思考与职业探索 ………… 208

小楚的学术追求：博士生的学习与职业规划 ………… 211

小方的学术之旅：行政管理博士生的成长与职业展望 ………… 215

小明的学术探索：行政管理博士生的职业规划与身份认同 ………… 217

参考文献 ………… 221

一、博士生教育中的身份认同

博士生教育作为高等教育体系的金字塔尖,承担着创新知识产出和拔尖人才供给的重要使命[1],被视作衡量一个国家科研创新水平及其潜力的基本标志之一。2015年博士生教育进展国际会议上发表的《牛津宣言》提出:"作为新知识、新见解和新方法的创造者,博士生拥有杰出的智识、卓越的技能且多才多艺。人们认识到,这些人可以成功地进入广泛的职业生涯。博士学位持有者为21世纪知识经济所必需的高技能劳动力做出了重大贡献,这一点应该得到充分认识和广泛宣传。"[2]这也解释了为何在知识经济和生产模式转型的时代背景下,各国普遍加速了博士生培养规模的扩张。从1980年至2000年的20年间,发达国家如德国、澳大利亚、日本、韩国的博士学位授予规模增长率均超过100%，美国、英国等博士教育大国的增速也在50%以上[3]。我国亦在1978年以后步入博士生培养的发展快车道，1995年博士生招生数量首次突破1万人，2004年突破5万人[4]，2019年我国博士生招生规模已突破10万人。截至2023年，我国博士在学人数达到61.25万人。

伴随着我国博士生招生规模的扩张，学界关于"扩招是否降低培养质量"这一议题的争论也接踵而至。规模扩张与质量控制是高等教育发展历程中的一对基本矛盾，也是博士生教育发展的一个基本问题[5]。质量问题通常在规模高速扩张后开始引起社会各界的关注和讨论，高等教育的发展重心也逐渐转向关注质量控制和提升，这样的现象在全球各国的高等教育发展中同样普遍存在。尽管博士生招生规模扩张并未直接引致培养质量的显性削弱，但培养制度、导师数量等支撑条件尚不完善，为我国博

一、博士生教育中的身份认同

士生质量内核的保障带来了隐忧[6]。有研究发现，我国博士生教育向高质量发展的进程中，还存在系列培养制度的漏洞[7]。杨卫院士亦撰文直言："大而不强是我国博士生教育的现实。"[8]身处新的历史时期，新质生产力的形成与发展需要博士生教育发挥拔尖创新人才培养梯队的重大作用。如何在扩招需求的时代背景下切实保障博士生培养质量？

从全球范围来看，秉持过程质量观已经成为各国博士生体制改革的共同趋势[9]。在愈加多元的质量评价视阈下，保障博士生培养质量最能把握的、最核心的就是将培养过程作为抓手，揭开社会化过程的黑箱，了解身处其中的博士生之所思所感，以完善培养管理体系之不足。以专业社会化理论的视角，将博士生放置于研究的中心，"身份"的研究角度油然而生，身份（identity）是自我关于"我是谁"的观念，"我是谁"决定了"我想要什么"和"我以什么样的方式存在"[10]。让博士生发出自己的声音,最基础的问题就是"我如何理解我的身份",这正是管理学所呼吁的管理主体的人性复归——管理的主体是人,管理的核心也是人。因此管理的本质自然不能脱离人的存在。管理是属于人类自创出来的活动,是人类主观意识的一种表现,是一群人对另一类人群活动的有意识干预,目的就是使其活动秩序化、健康化,最终使这种群体的集合力量能够达成最优效率,完成既定目标,并能够保证整体持续的发展[11]。博士生教育的培养管理不仅需要高屋建瓴的方向指引,还需要无数个一叶知秋的"真声音"。正如奈奎斯特所言:"或许我们永远无法正确理解博士生教育,我们能够做的仅仅是重新审视博士生教育制度,不断调整博士生教育的培养目标,确保博士学位获得者保持其独特的贡献能力,使其成为能够满足社会发展需求的知识工作者。"[12]

一、博士生教育中的身份认同

（一）"我从哪里来"：读博动机的多元性与复合性

伴随博士生规模扩大和知识经济时代就业样态的更新，比肩而生的则是愈加多样化的读博动机。动机是引起和维持一个人的行为活动，并使之朝向某一目标的心理倾向[13]。读博动机由个体对自身先赋特质、学术基础、教育期望等因素的综合判断形成，是博士生选择攻读博士学位的关键原因和内在动力，体现着他们对博士生这一身份的理解和期待。在以往的研究中，大多读博动机被划分为学术性动机和非学术动机（或其他动机）——显然这是基于对传统线性博士生职业发展路径的视角，将是否"以学术为志业"作为出发点进行区分。也有研究直接将非学术动机定义为"功利性动机"[14]。然而，动机作为一个心理学概念，它与行为的关系并不是一对一的链式存在，一个行为背后往往是多重动机所驱使的，动机本身具有多元性和复合性。

动机的多元性体现在，尽管一个行为背后也许存在一个关键性或主要的动机，但行为本身的驱动是所有动机综合起来的结果。对读博动机而言，很少有出于单一的学术理由或所谓"功利"理由而选择攻读博士学位的，这一选择背后是多元动机的综合考量，以及读博选择与其他选择相比较后的决定；动机的复合性体现在，作为一个心理学研究问题，它至少包含内在起因、外在诱因和中介调节三个方面的因素[15]。在学术职业岗位吸纳能力下降的今天，一个博士生为何做出读博决定，包含一个完整的思考过程。不同的思考过程背后，体现着他们对博士生身份的不同定位。而现实的读博历程，又会更新他们的认知和体会。因而想要了解身处就业多元化时代的博士生在期待什么、经历什么、反思什么，不能仅仅用"学术"和"非

一、博士生教育中的身份认同

学术"两个选项给他们做单选题，而是应考虑更人文主义的研究方法，建构属于他们的读博图景，才能对当下的博士生培养管理模式提供切实可行的政策参考。同时，也有助于今天的博士生导师了解学生叙事视角，能够在入学考核之时准确识别其综合性读博动机，为后续指导和培养管理提供背景性铺垫。

因此，多元性、复合性的读博动机背后，是一个又一个真实而具体的人。他们如同沉默的大多数，共同构成了广大的博士生群体。然而博士生教育研究中大多关注的是凸显的两端：那些具备近乎完美素质的"理想博士"和那些困于延期风险的"吊车尾博士"；但实际情况是，大部分博士生群体的读博历程都是一段又一段的"冒险"与"探索"，是带着左右摇摆或模糊不清的目标一步一步前进。也许能收获丰盛的果实，也许在荆棘中开辟了一条路，也许跟随着"大流"默默走出了森林。他们最宝贵的收获，一定不仅是手中的果实，还包括了那段冒险的经历。换言之，从多元的读博动机出发，了解博士生整个读博历程下的身份认同，并不意味着将他们以动机去做具体分类，而是从如何出发开始回顾走来的路。对于已经走进森林之中的博士生而言，方能够更加完整和生动地理解自己当下的身份，也能为本书提供更真实可靠的资料。

（二）"我要到哪去"：职业"管道泄漏"引发的身份建构冲突

2019年Nature全球博士生调查显示，与入学之初的就业取向相比，博士生选择非学术岗位的比例高达40%左右[16]。国际经合组织发布的报告显示，美国、加拿大等诸多国家的博士毕业生进入学术岗位的比例已不足40%[17]。我国博士生就业也显示出多元化趋势，近1/3的学术型博士向非学术部门溢出[18]，博士生群

一、博士生教育中的身份认同

体毕业后期望去高等院校的比例也仅为 50% 左右[19]，并且有超过 30% 的博士生期望成为实用技术开发人才、企业经营管理人才以及党政人才等[20]。可以说，无论从全球范围来看，还是单看我国，博士生就业多元化已经成为一个不争的事实。19 世纪德国洪堡大学理念下"以学术为志业"的"线性管道"在知识经济时代，已经不再是博士生面临就业时——甚至是做出读博决定时的唯一考量。

当"我要成为谁"不再是确定的答案，现下的"我是谁"就出现了更多的可能。但由于上层建筑的调整一般都会迟于现实环境的变化，当下的博士生培养体系基本仍以职业学者为主要目标进行培养管理。尽管对可迁移能力的重视一直被呼吁和提倡，但在实操过程中尚难具体推进，也少有评价体系进行测量和督导。这就难免会使理想状态下以培养学科守门人为目标的培养体系，与客观现实中带着多元化就业可能的博士生形成冲突。身份建构理论认为，身份并非一种静态、固定的属性，而是一种动态、随时随地不断变化的过程，是个人与"重要他者"不断进行对话的结果，是个人在特定社会条件下的自我反思与自我主张，是选择性继承和自我创造相互结合的结果[21]。也就是说，身份是一个在特定情境中动态建构起来的结果，不同主体选择对话、接纳、认同的身份建构要素也有所不同，作为子概念的博士生身份认同亦是如此。

这就触及到当前研究常常交臂相失的博士生身份认同问题。专业社会化理论的提出，促使博士生身份建构的过程从幕后走向台前。作为高等教育的关键主体，博士生也拥有了发声权[22]。但出于国内外的文化背景、社会背景的差异，无论是社会认同还是自我认同，对"博士生"这一身份理解与期待往往具有不同意涵。国外对此问题的研究，大多着重于博士候选人

一、博士生教育中的身份认同

如何走向一名成熟学者的身份认同,或是从人类学视角探讨博士生专业身份的建构过程,重点一般放在对女性、少数族裔群体、有色人种等博士生的专业身份建构问题上;但立足于中国的本土文化,博士生身份除却学术性质外,还带有许多传统的文化意涵与阶层象征。换言之,国外研究中,博士生身份认同是指对学生身份、学者身份和从业者身份的认同,没有将博士生本身作为一个独立的身份来理解。但在我国有关对博士生专业认同的一份研究显示,很多博士生在谈专业认同之前,会首先提到对于博士身份的认同,并把对博士身份的认同与专业学习紧密联系在一起。这些独特的身份理解在博士生专业社会化的过程中如何碰撞、对话、融合,可以揭示我国博士生专业社会化过程中不同于国外博士生的特点。我国博士生身份认同的建构过程与发展机制,也能真正为中国式现代化的博士生教育培养体制提供可行的参考经验。

(三)我国博士生的身份认同

博士生作为一个文化性的社会身份,是在我国博士生群体研究中发现的一种特别现象。作为一个独立的社会身份,博士生群体如何从个体认同的角度理解它?博士生群体之外的人从社会认同的角度又对它有怎样的期待和评判?如何剖析我国博士生身份的内涵、意向和群体画像?

身份作为一种外在赋予的标签,具有客观存在的事实基础。但同时,身份认同的形成也需要个体主体对这一身份的主观理解、内化和建构。客观身份和主观认同之间可能存在偏差或矛盾,这就需要个体通过实践活动不断予以协调。以博士生为例,博士生身份是一种群体身份,是在入学之后从外界赋予的一种标签或资格。这源于身份本身具备主观性和客观性两

一、博士生教育中的身份认同

种含义。主观性是指"身份"的存在可能是一种个人主观的判断和感受,客观性是指身份可能是客观存在的事实。这就导致了一种可能:主观性与客观性也许并不同频,当他们被赋予"博士生"这一客观身份时,其内涵和要求可能与个体原有的自我认知存在差距。有的人可能将"博士生"等同于"学生"角色,有的人则期望自己更多扮演"学者"角色。在这种"群体身份—个体角色"的张力中,博士生需要通过日常学习实践来重新定义和塑造自己的具体角色定位。这也是本书想要窥见的客观现实:今天的博士生如何理解自己的身份?博士生这一群体身份之下的具体角色到底是什么?具体角色又是在怎样的读博历程中建构的?具体角色中的"我"和群体身份下的"博士生的我"之间是怎样碰撞、对话、融合的?只有以"我口说我心",才能撤开宏观叙事的层层迷雾,看到具体的一个个"博士生"的所思所感。

在身份建构主义者看来,"身份"指在文化语境中人们对于个人经历和社会地位的阐释和建构。人们对自我身份的认同多源于他们所属的社会类别,而身份的形成其实就是被社会建构的过程。一旦身份认同被建构成功,认同就成了个体行动与社会运作的基础。个体身份的形成一方面受社会地位、情景等外在的结构因素影响,另一方面又是由自身的主观能动行动所建构。博士生的身份认同也是在博士生的培养环境中建构的。哪些要素会强化博士生的身份认同?哪些要素又会击溃它?不同的读博历程、不同的建构环境所建构的身份认同是否一样?不同的身份认同类型又是怎样的具体画像?这些是本书期望发现的。

首先,导师的学术水平、指导风格和人格魅力都会对博士生的身份认同产生深远影响。一位学术造诣深厚、严格要求、富有激情的导师,不仅能够为博士生树立良好的学术榜样,

一、博士生教育中的身份认同

也能激发博士生对学术研究的热情,从而强化其作为学者的身份认同。反之,一位学术能力有限、指导散漫的导师,很容易让博士生产生迷茫和失望,削弱其身份认同。学院或实验室的学术氛围也是身份认同建构的重要因素。一个注重学术自由、鼓励开放讨论的环境,能够促进博士生之间的学术交流,增强他们的归属感。而一个围绕权威、压抑异议声音的封闭环境,则会扼杀博士生的学术好奇心,阻碍他们的身份认同。

培养环境中的资源保障也不容忽视。充足的经费支持、先进的实验设备和丰富的数据资源,能够为博士生创造良好的研究条件,有利于他们全身心投入学术,从而加深对学者身份的认同。反之,如果资源匮乏,博士生难以专注于研究,身份认同自然也会受到冲击。培养环境的文化传统和价值观也会潜移默化地影响博士生的身份认同。一个重视学术追求、尊重学术自由的文化氛围,能够滋养博士生对学术的热爱,而一个过于重视功利主义、将学术研究视为谋生手段的环境,则难以培养出真正的学者情怀和身份认同。总之,培养环境对于博士生身份认同的建构起着决定性作用。它不仅直接影响着博士生对学者角色的体验和认知,也间接影响着博士生的内在主观能动性。只有营造一个优质的、富有人文关怀的培养环境,才能真正孕育出坚实的学者身份认同。

英国学者泰勒(Taylor)认为,身份是个人与"重要他者"不断进行对话的结果,是个人在特定社会条件下的自我反思与自我主张,是选择性继承和自我创造相互结合的结果。詹金斯(JenKins)也认为,在社会交往的过程中,个体接受集体的历史文化与来自他人的反馈,并且积极地自我反省与自我塑造,从而将外部信息进行内化、融合或摒弃,这是一个不断重复的、"内部和外部交叉的辩证过程"。斯

一、博士生教育中的身份认同

特茨（Stets）认为，无论是认同理论（identity theory）还是社会认同理论（social identity theory），对身份（identity）的理解在于研究角度上，而不是在理论的性质上。她认为两个理论之间的融合可以让我们更全面地认识整个自我。在综合两种理论之间联系的基础上，她对身份的含义进行了概括：身份是由一系列的自我观点组成，这些自我观点是在特定的群体或角色中，通过自我归类或认同基础上形成的[23]。

根据身份建构理论对身份认同的定义，本书对博士生身份认同的概念界定为：博士生主体的本我对"博士生"这一社会身份的理解、对话和接纳的动态模式，具体包括身为博士生的"我"是谁、我能做什么和自我评价。从知情意的基本维度划分，"我是谁"是博士生的自我认知与理解，"我能做什么"是意志理性维度的对自己行为能力的判断，自我评价则涉及情感态度上的积极或消极。

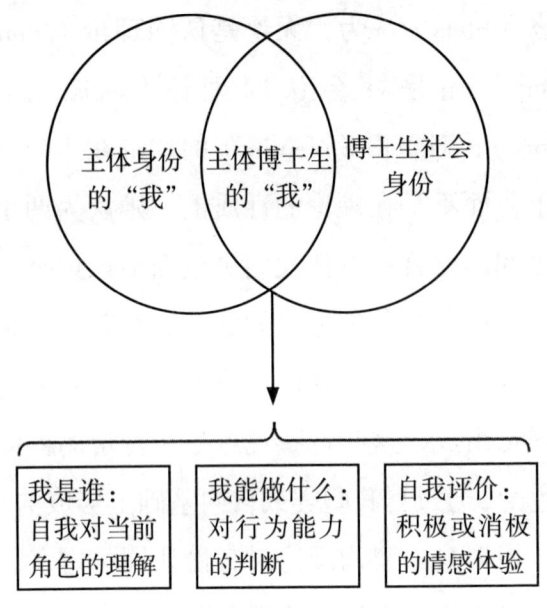

```
    主体身份      主体博士生      博士生社会
    的"我"        的"我"          身份
```

我是谁:	我能做什么:	自我评价:
自我对当前	对行为能力	积极或消极
角色的理解	的判断	的情感体验

图1 博士生身份认同的定义

本书假设,博士生身份认同的具体类型有所不同。那么不同的认同类型又是如何发展的？哪些关键事件会触发积极的身份认同？哪些关键人物会影响消极的身份认同？不同的认同类型在发展过程中有什么特点？这是本书重点关注的内容,也是期望厘清那些"沉默的大多数"

一、博士生教育中的身份认同

的心路历程的展现。

这个问题中的"理想的博士生身份认同",并非目前大量博士生教育研究中所期待的"天赋型博士生",仿佛他们在入学前就已经自带纯粹的学术志趣,怀有终生奉献给研究事业的高尚理想,入学以来就能秉承高强度自律的科研作息开展研究,毕业时就能攻坚克难,创新性解决关键问题的理想博士。如果博士生都自带这样的天赋,博士生教育的意义恐怕也会受到质疑。本书正是基于身份的建构性和人的主观能动性,所关注的是在与一位又一位真实的在读博士生深度访谈之后,通过他们亲身经历的读博历程,看到那些"沉默的大多数"之所思所感,看到他们的期待与遗憾,看到他们所期望的培养与指导是什么,并通过调查数据进行验证。而后结合当下的实际,切实完善博士生培养管理体制,去建构一个能够培养学术志趣、训练学术能力、完善人格情操的博士生培养环境。尽管"乌托邦"般完美的培养环境并不存在,但只有先切实了解培养主体的所思所想,才能怀以"虽不能至、心向往之"的期待,不断推进博士生培养管理体制的完善,提高博士生培养质量。

二、研究方法

作为社会科学研究的主要研究方法，质性研究方法与量化研究方法都引起了广泛的关注，两者也因为各具特色而被广大研究者使用。关于两种研究方法的优劣对比及关系状况，目前已经存在相对完善的解释框架和说明体系。两者在研究过程、分析方式等众多关键性方面都表现出较大的差异，但并不应该将两种研究方式进行对立式划归。事实上，在社会科学领域，两种研究方法的思想与方式实际上都能够在一定程度上达到融合和互动。在了解两种主要研究方法的基础上，根据研究主题选择最为适合的主要研究方法，并辅之于另外一种研究方法作适当的补充，打破两种研究方法的对立，研究者需要不断地认识和实践。本书依据研究的内容安排，在理论建构部分以质性研究方法为主，充分扎根资料，建构背后的理论体系；再通过叙事方法建构身份认同的发展过程以增强本书的真实性和可靠性。

（一）文献研究法

社会科学领域的文献研究法（documentary research）是一种毫无争议的科学的研究方法。文献研究法是教育科学方法中的重要方法之一，它是对大量的原始文献的研究和分析。本书在对身份认同的相关理论进行综述时，尽量选取相对全面的理论体系，体现不同的论点和论据，并辅助相关论点的研究文献来论证其理论与思想内涵，以其相互印证、相互斟酌，对理论及思想理解更客观、可信。

本书的文献研究主要包括三个方面：①通过对泰勒的《自我的根源：现代认同的形成》、吉

二、研究方法

登斯《现代性与自我认同》等西方认同理论家的著作及相关成果阅读,阐述了认同理论和社会认同理论视角下分别如何理解静态的身份(identity)和动态的身份认同(identification),以及身份建构视角下身份本身的动态性;②通过对我国博士生研究的相关著作与文献,了解博士生教育在我国的定位、意义与发展;③通过阅读传统儒家典籍,以及马克斯·韦伯的《中国的宗教:儒教与道教》,了解我国传统的教育制度与选官制度对国人深刻的文化影响,从国内外的不同视角分析中国传统的"士人"阶层与士子心态,如何跨越时间与空间,影响今天的博士生身份认同的内涵。

本文的研究对象是"博士生身份认同",正如上文所述,"身份认同"是一个复杂的系统,需要运用多学科进行挖掘这一复杂系统背后的深层阐释。本书在广泛阅读相关教育学、伦理学、社会学、文化学等学科文献基础上,吸取了多学科相关的思想，对博士生身份认同这一复杂的问题进行深挖探究。

（二）访谈调查法

访谈调查法的主要作用是通过深入细致的访谈获得生动的定性资料，并通过研究者洞察性的分析，进行归纳和概括，最终得出某种结论。访谈调查法包括结构性访谈、半结构性访谈和开放性访谈。本书将采用灵活性比较强的半结构性访谈，即通过事先设计好的基本问题对受访者进行访谈。针对具有代表性的博士生进行每次60~90分钟的半结构性访谈，访谈后根据后续需要，对部分受访者进行追问或重点问题回访。根据本书的设计，访谈对象重点分布在高年级博士生以及毕业三年内的博士，以便更清晰地回顾自己的读博历程与感受。同时，兼顾小部分低年级博士学生，通过案例比

二、研究方法

较,确保高年级博士生对低年级时期的回顾具有可靠性,并看到相似类型的博士生身份认同在不同年级是如何发展的。

本书会充分保证受访对象的知情权,清楚地向受访对象介绍本次研究目的和研究内容。研究者会始终注意保护好研究对象的隐私,在获得研究对象认可的情况下,再在论文当中呈现出相关的内容和数据。与此同时,研究者十分感激他们的参与和帮助,力求如实地反映出他们的现状和问题。在每一次访谈结束之后及时地整理访谈内容,对仍有疑问的部分进行线上追问或回访。本书采用线上和线下面对面交流相结合的访谈方式。其中线上访谈利用的是腾讯会议软件,对线上访谈进行同步录音然后转成文本,线下面对面访谈时利用的是手机录音软件同步录音然后转成文本。

表1 博士生访谈样本的基本特征描述

变量	类别	频数	占比
性别	男	42	40.8%
	女	61	60.2%
学科	人文社科类	68	66%
	理工农医类	35	34%
年级	博一	5	5%
	博二	10	9.7%
	博三	37	35.9%
	博四	43	41.7%
	博五及博士毕业生	8	7.7%

（三）教育叙事

教育叙事研究建立在现象学、解释学、后现代理论以及文学叙事学理论的基础上。现象学有着古老的传统，它强调事实、主张描述、关注意义的哲学思潮，对教育研究产生了重要影响。现象学强调"回到事实本身"，通过把一切经验、知识或先见放入括号里以悬置的方

二、研究方法

式直观现实、面向事实；主张描述看到的事实，并按照事物本身呈现的本来面目描述；关注事实背后的意义，要求从直观感受到的"显像"出发，透过体验对体验的互动，揭示其所显现的意义。

教育叙事研究并不是一种孤立的研究方法，而是实证研究方法中质性研究的重要形式之一。教育叙事研究在其展开过程中是一种有关个体教育生活故事文本的分析研究。个体的教育生活故事是教育叙事研究的基础。个体的教育生活故事与研究者的现场笔记、研究访谈等有机结合，被挖掘整理成为供研究者分析的现场文本。因此，纯粹形式上的教育叙事研究过程就是研究者和参与者保持协商，围绕建立现场文本，解构和重构现场文本，形成最终研究文本的过程。研究者必须超出现场文本直接给予的东西，从众多现场文本之中把握个体教育生活现象中的本质及其经验的意识构成，揭示、解释现场文本没有直接显示给我们的直观和描述的那些意义。不仅仅是做出解释性的推论，而是要揭示现场文本隐蔽的意义。无论采用历史研究的方式还是调查研究的方式，教育叙事研究的基本路径是收集资料——解释资料——形成扎根理论，其重点是分析资料并形成扎根理论。

关注教育叙事研究的意义在于：它提醒研究者"面向事实本身"或从事实本身中寻找内在的"结构"，而不过多地用外在的框架有意无意地歪曲实事或滥用事实。它是对个案或寓言、故事的合法性的重新认可。就叙事对"寓言"（"个案"或"局部的丰富性"）的合法性认定而言，叙事的实质是重新关注研究对象的"局部的丰富性"而不满足于虚幻的"整体的空泛性"。以叙事的方式兑现研究对象的"局部的丰富性"乃是"人类原始思维"中的一种诗性智慧。或者说叙事是重新恢复"人类原始

二、研究方法

思维"的"诗性智慧"。

叙事研究源于现象,归于抽象。作为一种实证研究,教育叙事应承担实证研究的使命与责任,即负责"描述"事实,保持价值中立而克制自己的价值判断。本书之所以在研究方法中加入了教育叙事,一是因为对访谈资料的呈现需要,二是因为叙事研究法相较于纯粹的三级编码,更注重于按时间顺序反映事情发展的过程,反映了不断变化着的各个单位的相互关系,即有历时性的特点。这恰好也是本书的研究内容——博士生的身份认同在读博历程之中的动态发展与变化的特点。因此,研究博士生个体更能凸显本书想要呈现的结果和建构模型。

教育叙事研究作为实证研究中质的研究的重要形式,其目标是还原和解释教育现象的本质,深入揭示教育实践中隐含的经验知识、个体体验和文化价值观。尽管承担着实证研究的使命和责任，即通过描述来呈现事实真相，而不进行价值判断。但叙事研究并非仅停留于肤浅的描绘，更重要的是要通过细致入微的描述，提炼出深层次的教育理念和规律性认知。在本书中，我们运用"聚类分析"的方法对收集到的丰富素材进行了扎根理论式的分类归纳，将相关的材料或案例聚合成不同的主题类别。这些主题类别实际上就是一系列紧密关联的教育研究主旨，反映了受访者在特定教育情境下的共同经验和体验。本书并非机械地堆砌素材，而是在分类的基础上，结合受访者生动的言语描述和实际行为表现，深入解读和诠释每一个主题类别所蕴含的教育理念、价值取向和文化渊源。通过对比分析不同个案之间的相似与分歧，逐步提炼出贯穿其中的一般性原理和规律，并用翔实的"证据"和生动的"证言"加以佐证和说明。本书的叙事并非停留在肤浅的事实描述，而是在描述的基础上，通过理论编码和

二、研究方法

主题聚类，深入挖掘教育实践中隐含的经验知识、个体体验和文化内涵，最终达到还原和解释教育现象本质的目的。这种研究方法有助于全面把握教育的复杂性、动态性和主体性特征，从而对教育理论和实践提出更有意义和针对性的见解。

那么，面对不同主体纷繁的就读经历，如何设计访谈提纲以保证收集到本书所需要的关键内容，同时又能不在访谈开始时就以"身份""理解"等抽象概念混淆干扰访谈对象的思路？本书以"知情意"作为框架，支撑访谈问题的顺利过渡。"知情意"与教育发展存在内在联系。教育的本质就是促进人的全面发展，包括知识、情感和意志品质等各个层面。"知情意"贯穿了学习者的整个成长历程，体现了教育应该培养"全人"的理念。将"知情意"作为切入点，有助于全景式地呈现博士生在学习、科研和生活等各方面的丰富经历，从而更立体地刻画他们的身份认同建构过程。从认知、情感、意志的维度对博士就读历程中的细节展开提问，辅以年级时间线为贯穿，通过深度访谈的过程，使访谈对象通过回忆、叙述和反思，深度沉浸在自己的读博体验中，在访谈最后提出"身份""角色"相关的具体疑问，以得到较为准确的答案。之所以运用"知情意"的框架，是因为教育过程本身是知情意的全面演绎，中西方教育史大都对人性内容进行"知、情、意"三分，以实现人的全面发展，"知情意"也是本书所关注的博士生身份认同所依托的"无形而有用"的意识流载体。通过"知情意"这一切入点，有助于顺利引导访谈对象回溯和剖析自身的博士生涯经历，并最终自然过渡到对"身份""角色"等核心概念的深入探讨。这不仅避免了一开始就使用抽象概念混淆和引导被访者思路，也有利于被访者在叙事和反思中更自然地表达内在的认知、情感和意志层面的体验。

三、我国博士生身份认同的内涵

尽管博士生的身份认同问题已经越来越得到学界的重视,但当前对其研究的内涵、维度、角色丛等仍在讨论之中。因此,我们分析博士生身份认同的转变过程首先需要确定它的研究框架。

本章通过前后 15 个月的深度访谈,对 103 位博士生的就读经历进行分析,通过三级编码扎根理论,发现了我国博士生身份认同的三种内涵:学术认同、就业认同、文化认同。这三种维度相互联系又有所区别,非单一性地呈现在博士生身份认同的结果中。在访谈过程中,本书发现高年级博士生群体的身份认同结果相较低年级更为稳定——即使情境有所变换,主体的活跃性角色基本不再变化。例如,一个身份认同消极的高年级博士生，即使因毕业压力身处实验室，也很难再触发主动性的研究者角色。那么这样的转变在何时发生？

本书发现，"开题"是影响博士生身份认同走向稳定的关键事件。开题前的读博经历，直接影响了博士生身份认同的结果。因此，本书对访谈对象中的高年级博士生就读经历材料进行单独分类整理，发现了4类典型的博士生身份认同结果（见第四章）。并用教育叙事的方法，分别还原了4类身份认同的形成过程，发现了影响博士生身份认同建构的几个关键要素。

在研究框架上，本书从认同领域最为主流的认同理论与社会认同理论出发，深扎以认同概念为核心的基石，兼顾两种理论的不同关注视角，力求更全面地把握博士生身份认同几种维度的内涵；在访谈过程中以"知情意"的框架支撑研究对象的叙事背景，引导接受访谈的

三、我国博士生身份认同的内涵

博士生实现沉浸式回顾,保证就读体验的真实性、准确性和完整性;始终以认同分裂理论为指导,在扎根博士生身份认同的内涵时,要更侧重其理想自我和责任自我的叙事。在了解我国博士生身份认同的现状时,更注重其现实自我的叙事。

(一)博士生身份认同的内涵类别

笔者通过前后15个月的调研,在对103位博士生开展人均60~90分钟的深度访谈后,通过录音转文字整理功能,得到了约92万字的原始资料。随后对访谈文本进行开放式编码,得到37个子范畴、115个初始概念。其次,本书通过主轴编码与选择性编码,对不同范畴进行归纳总结,共得出博士生身份认同内涵的三个主范畴,即学术内涵、就业内涵和文化内涵,并划分主范畴与对应子范畴的具体关系。最后,为了保证理论饱和度检验的准确性和客观性,本书对30位访谈者的访谈材料重新进行开放式编码和主轴编码检验，结果并未生成新的编码与范畴，理论饱和度检验通过。之所以采用质性研究的方式，是因为从前人的实证研究方法来看，大样本问卷调查虽然更具代表性，但多数使用封闭题测量，在明确我国博士生身份认同的内涵这一尚未有较多研究的问题而言，预设调查的内容、范围，容易先入为主地限制博士生意见的多样化，也不符合身份认同这一概念的特性。

本书对博士生身份认同的概念界定为：博士生主体的本我对"博士生"这一社会身份的理解、对话和接纳的动态模式，具体包括身为博士生的"我"是谁、我能做什么和自我评价。从知情意的基本维度划分，"我是谁"是博士生的自我认知与理解，"我能做什么"是意志理性维度的对自己行为能力的判断，自我评价则涉及情感上的积极或消极态度。

三、我国博士生身份认同的内涵

本书的访谈提纲设计围绕博士生的整体就读体验,在受访对象通过时间线回顾自己的整体读博体验后,研究者在倾听的过程中充分把握受访对象的用词、情绪和重点事件,并围绕具有挖掘特征的点进行追问。在充分营造了读博经历的整体沉浸感回顾后,让受访对象可以深度沉浸,以把握其完整而真实的身份认同。同时,提问关键的预设问题,尝试还原其身份认同的建构条件和促成发展的关键事件,获得一份真实、立体、生动的访谈资料。

笔者通过对访谈资料的扎根研究后认为,博士生身份认同的内涵有学术内涵、就业内涵、文化内涵三种。但要注意的是,这些内涵并非是单一出现的。部分受访者在谈到博士生身份的理解时,有主要和次要的区分。但大多数博士生在访谈中表示,对博士生身份的理解都是综合考量的,或许涵盖了其中的几种,或许都有涵盖，不一而足。

（二）博士生身份认同的学术内涵

博士生身份认同的学术内涵要求由来已久。现代哲学博士要求学位候选人具有浪漫主义的"原创性"品质，具体表现为创作一件大师之作，个体在博士论文研究中展现出的个性、特殊性、原创新和创造力是判断博士学位资格的重要条件。关于哲学博士资质的这一定义，随着19世纪30年代早期越来越多的大学要求将学位论文作为获得哲学博士的前提而得到加强和推广，尤其是柏林大学在创建后颁布的一系列章程，确定了博士候选人的"著述者身份"。自此通过博士论文研究来养成或辨识研究者素养的传统，一直延续到今天。博士论文创作过程中所锻炼的知识、能力与品格也被默认为是未来研究者的素养，二者相互等同，许多国家、组织和大学通过

三、我国博士生身份认同的内涵

博士学位论文的标准来说明博士生成为研究者所应具备的素养与能力。譬如在美国，哲学博士学位的目标是培养学生成为学者，为此，学生需要掌握发现、集成、应用以及交流和传播知识的能力。1991年美国研究生院理事会发表的一份声明，指出博士论文应该彰显学生具有：①分析、解释和综合信息的能力；②与论文主题相关文献的知识；③研究方法与程序；④按顺序、合乎逻辑地呈现研究结果的能力；⑤充分、有条理地论证研究结果所具有意义的能力。用调查中资深教授的话说，候选人提交的博士论文应反映出独立贡献、可发表（研究质量）、原创性和重要性（研究价值）。

在英国，哲学博士学位（PhD/DPhil）意味着博士学位候选人需要通过原创性研究或对现有知识进行创新性应用，对他们所在学科或领域做出知识贡献[24]。博士学位的目标是培养训练有素的专业研究者,这意味着学位获得者,第一,应具有评价现有知识的能力;第二,要熟知研究领域中的动态和进展;第三,拥有确定研究问题的敏锐眼光;第四,掌握适当研究技术,并了解其局限性;第五,与同行交流研究成果的能力;第六,保持研究的国际性。

同样,在我国,对于博士生素养与能力的规定也是基于学位界定而派生出来的,1980年2月12日颁布,于1981年正式生效的《中华人民共和国学位条例》(以下简称《条例》)中有关博士生知识与能力的说明,如:"博士学位论文应当表明作者在本门学科上掌握坚实宽广的基础理论和系统深入的专门知识;具有独立从事科学研究工作的能力,并在科学或专门技术上做出创造性的成果。"2013年国务院学位委员会第六届学科评议组依据学位条例制定

三、我国博士生身份认同的内涵

了110个一级学科的《博士、硕士学位基本要求》，分别对各学科获取博士学位时所应具备的基本知识及结构、基本素质、学术能力以及论文要求做出规定。2024年4月26日，十四届全国人大常委会第九次会议表决通过《中华人民共和国学位法》（即修订后的《中华人民共和国学位条例》，原《条例》自《学位法》实行起废止），自2025年1月1日起施行，进一步明确了学术学位博士和专业学位博士的差异，并强调了培养过程中要"完成学术研究训练或者专业实践训练"的要求。《中华人民共和国学位法》是新时代学位工作和教育法治建设的一项重大成果。贯彻落实学位法，是在法治轨道上推进学位工作高质量发展的重要基础，也是促进教育治理体系和治理能力现代化的有力支撑。

表 2　博士生素养与能力等《条例》修订前后表述对比

《中华人民共和国学位法》	《中华人民共和国学位条例》
第二十一条　接受博士研究生教育，通过规定的课程考核或者修满相应学分，完成学术研究训练或者专业实践训练，通过学位论文答辩或者规定的实践成果答辩，表明学位申请人达到下列水平的，授予博士学位： （一）在本学科或者专业领域掌握坚实全面的基础理论和系统深入的专门知识； （二）学术学位申请人应当具有独立从事学术研究工作的能力，专业学位申请人应当具有独立承担专业实践工作的能力； （三）学术学位申请人应当在学术研究领域做出创新性成果，专业学位申请人应当在专业实践领域做出创新性成果	第六条　高等学校和科学研究机构的研究生，或具有研究生毕业同等学力的人员，通过博士学位的课程考试和论文答辩，成绩合格，达到下述学术水平者，授予博士学位： （一）在本门学科上掌握坚实宽广的基础理论和系统深入的专门知识； （二）具有独立从事科学研究工作的能力； （三）在科学或专门技术上做出创造性的成果

三、我国博士生身份认同的内涵

从各国对博士学位的描述中可以看到,学术学位博士作为一种研究型学位,对候选人最核心的要求是在博士论文研究中形成或体现出具有从事原创性研究的知识、技能与素养。尽管在知识经济时代,人才需求的多元性和就业路径的多样态,使得学术能力之外的核心素养越来越被强调于博士生培养过程中,但学术能力始终是学术型博士生身份的基石。当然,博士生培养质量的判定标准逐渐关注到了培养过程中,哲学博士的培养不能仅仅看到培养结果上对知识的原创性贡献,更应当关照培养过程中对研究者的训练。

表3 博士生身份认同的学术内涵

初始概念示例	原始资料示例
学习能力 解决问题 分析能力	我的学习能力和认知能力有一种提升。比如现在有一个不太了解的学术问题,我也能去尝试着分析它,就从这方面来说确实是有挺大的进步的

续表

初始概念示例	原始资料示例
看待问题、看待世界	我觉得它能够提供给我们一种更深的看待问题、看待世界的一个方式
热血澎湃 现实问题 意义	我觉得我做我的课题的时候,是真的觉得热血澎湃的,感觉它真的是对解决现实问题有意义的
规范	了解学术论文的规范化,因为你要反复修改,不停地交给老师,那么可能老师在这种思想指导上不能及时落地,但是在学术格式规范上,肯定是非常及时且有效的
处理问题	比硕士生更明显的一个优势在于有一定的独立处理问题的这种能力,包括你自己去带一个研究团队,或者说是自己承担一个项目,读博的时候,潜移默化地培养了这种能力

这也是我们最熟悉的博士生身份认同的内涵。在访谈的过程中,无论是否拥有积极的研究者身份认同,研究对象都提到了读博经历中的学术训练对自己能力上的改变。

三、我国博士生身份认同的内涵

（1）科学思维与认知能力。"我觉得我对很多事情的看法不一样了。以前我是很容易下结论做评判的人，但现在读博之后，感觉那种一步一步推论出来的过程让我觉得所有事情都得这样才能下结论，不了解充足的真相不应该随意有判断"（此处仅代表不同真实采访者代码，以下类同）；"你所具备的知识肯定是要比其他人多的，可能就是你的眼力、你的眼界、你的阅历，会让你去更包容地看待这个世界或者这样一个社会，就是你要明白这个世界什么人都有"；"感觉读博之后吧，现在让我看《新闻联播》，我都比以前看得懂了。以前从来没觉得什么'十四五'规划和自己有关，但现在涉及我们学科的内容我大概能知道是什么意思了"；"我是在学术和各方面都有一种更上一层的这样的一个感觉，而且有一种跨越感"；"我以前还挺容易被影响的，比如看到好多人都在说什么就也会这么觉得，现在感觉没有证据的话都是经不起推敲的,不能人云亦云";"可能比硕士而言的话要更强,学术的视野的话要更宽,然后专业技能也会更深入一些";"我觉得可能具体到社科类专业的话,它能够提供给我们一种更深的看待问题的思考方式,比如说像经管的话,就会从类似管理的角度看待问题"。

(2)问题发现与解决能力。"解决问题的能力可能比硕士而言的话要更强";"我的学习能力有一种提升。比如现在有一个我不太了解的学术问题在我面前,但我也能去尝试着分析它,从这方面来说确实是有挺大的进步的";"我这几年做的这块研究,现在让我去接触一个相关的新问题,我也知道怎么上手做了";"我发现自己对于别人问题的一个理解,能够给出自己的一个方案,包括说出自己的见解,这方面思路确实会更清晰了,这一块我觉得跟读博士也有很大的关系,因为它更多地培养了我们这

三、我国博士生身份认同的内涵

方面思考的这么一个能力";"感觉自己更有逻辑了吧,要做一件事得弄清前因后果,弄清每个概念的意思,看看有什么解决办法可以借鉴";"因为通过读博这段经历,对问题的敏感意识就会很强,所以就觉得生活中很多事情工作中很多事情、也变得有意思了"。

(3)学术写作与表达能力。"感觉博士论文的写作过程还是对我挺有提升的,那种完整地论述一个问题的感觉";"我以前和别人讨论问题特别爱急眼,现在感觉有不同的观点太正常了,我们做文献综述就知道学术界每个问题都有不同的看法,日常讨论里这样完全没什么大不了的,不一样的思路反而能开阔眼界,还能有新的灵感出来";"其实我感觉我的表达和书写变得更严谨了,用词什么的都比较斟酌了";"我现在实习的时候,发现很多问题自己的解决能力确实和没读博士的人是不一样的……并不是觉得比他们高出什么吧,但确实在实操中挺明显不一样的";"可能比较明显地有些文字功底,然后还有理解文献的能力";"和本科是不一样的。我是觉得因为我也干了一些项目,写了一些东西,然后会觉得最后在写大论文的时候,有一些文字上的表达可能会没那么困难了,然后这有可能是时间积累而成的"。

(4)专业认同或专业志趣,这部分更明显体现在具有积极的学术内涵身份认同的博士生身上。"我硕士期间就因为做这个感觉很有意思才来读博士,现在博士论文也打算继续沿着这个方向做,我真的很想更深入了解这个";"我很喜欢做科研,因为我做实验还挺不错的,然后我可以静下心来去做,然后很多东西我觉得我自己学,能学到也能学得会,然后也能做得出来";"做实验时候感觉还挺有意思的,调机器人的时候吧,感觉有新的发现时还挺兴奋的";"我做的这个题目我导师完全不支持,但

三、我国博士生身份认同的内涵

是我是真的想把这块推进一下,所以还因为选题和导师吵过架。但我觉得我坚持是对的,因为我知道我想做什么,我要怎么做";"我是觉得不管去什么岗位,我都不会放弃研究工作。因为现在政府、企业也要研究岗嘛";"喜欢的话最开始的时候自己找到一个课题会很兴奋,也很想继续做下去。但一般做着做着就会遇到一些困难,或者一些因为考虑不周全导致的问题。但整体上是很愿意做下去的";"做学术我觉得很有成就感很幸福,所以我当时觉得我可能还是蛮想做学术的";"讲师或者教授这个领域,他们其实更多的是知道这个东西的大方向,但是并不知道从这个方向到从以我们目前的领域到所知的想要达到这个方向中间这个过程要采取哪些方法,所以这个方法应该是由博士生们去填补,所以我觉得应该我们是科研最前沿的一些先锋"。

博士生身份认同的学术内涵包括博士生

主体学术能力的获取与发展、学术志趣的涵养以及对自身学术水平的评判。博士生的学术性身份认同是博士生主体开展科研的重要驱动系统。其中,兴趣发展是激发博士生身份认同中"研究者"角色主动活跃的关键要素,科研训练是"研究者"角色被动活动的必要条件。主动的"研究者"角色唤醒,意味着博士生主体在学术行为中的积极情绪,有助于行为持续;被动的"研究者"角色唤醒,则容易诱发压力、抑郁等消极情绪。但如果在被动的科研训练中唤起了兴趣要素,则有可能转化为积极的博士生学术性身份认同。

有学者指出,博士生学术能力是博士生在读期间发展并凝结在个体身上的知识储备、精神风貌和学术习惯,包括知识掌握能力、知识运用能力、知识吸收能力、知识生产能力和知识传播能力。在这一概念框架中,第一,知识掌握能力是博士生培养的起点,指的是博士生

三、我国博士生身份认同的内涵

应该掌握哪些知识,它是博士生学术能力的基础。第二,知识运用能力和知识吸收能力是博士生培养的过程,知识运用能力指的是博士生如何做研究,主要是对研究方法的运用程度。知识吸收能力指的是博士生如何思考,主要是对研究现象和已有文献进行综合、分析、归纳、比较、批判、创新等的程度。第三,知识生产能力和知识传播能力是博士生培养的产出,也是对博士生的结果性评价。知识生产能力指的是博士生在获取、掌握、加工、运用知识之后,创造性生产出科研成果、为学术界和非学术界带来贡献的能力。知识传播能力指的是如何通过书面语、口头语、图像等与其他人进行有效沟通与交流,从而达到观点传播并影响他人之目的的能力。

本书通过质性方法,从博士生主体的身份认同中得到的能力框架是:①科学思维与认知能力;②问题发现与解决能力;③学术写作与表达能力；④专业认同或专业志趣。且①和②相对更显著。大部分博士生都在访谈中谈到学术训练带给自己思维能力的提升和进步，迁移到了各个方面。反而更具备专业身份特性的③和④相对较少从主体叙述中得到。当然，这也可能是因为本书的研究对象数量有限所致。

（三）博士生身份认同的就业内涵

博士生身份认同的社会内涵体现在两个方面。一方面是对博士学位就业竞争力的认可，另一方面是将博士学位的身份认同与对高校教师的职业认同联系起来，进而产生博士生身份认同。博士生的就业内涵认同是趋于未来导向的，因此对当下的角色丛影响不大，只有"准大学老师"（更偏重教学型角色的称呼）这一角色，且通常是来自外群体的社会认同所激发的。

三、我国博士生身份认同的内涵

表4 博士生身份认同的就业内涵

初始概念示例	原始资料示例
敲门砖	我觉得博士学历是一个很响亮的敲门砖,去企业或者是律所找工作时候还是不一样的
就业竞争力	当时没有明确想以后要做什么,需要读哪个方向博士,就是因为觉得博士学位可能相对于硕士学位来说,在就业市场中会比较有竞争力
大学老师	我是特想去当大学老师,想留高校或者好一点的学校的话,必须得读博
上课、大学老师、活力、生活状态	因为读本科的时候,觉得我们学校里面大学老师每天上课和学生聊天什么的,过得很开心、很有活力,感觉那个生活状态是我想要的
就业范围	因为读博将来工作的面广,包括将来工作可选择的范围广一些

续表

初始概念示例	原始资料示例
技术等级认可度	对于工科而言,它对学历的认可度相对而言比较高一点,它是一个相当于是技术层面的一些东西,你的学历越高,可能你获得的技术等级或者是以后去企业里面相关部门得到的认可度会更高一点
就业机会	博士学位能带给你的是更多的就业机会
就业机会	就工科而言,像我们当时本科毕业的时候,现状就是进工厂在一线,然后要三班倒,但是工资又不高
	虽然说我当时没有想博士和我未来工作的具体的关联,但我有一种潜在感觉,就是我读了博士之后,我找的工作肯定会比我硕士要好,我当时是那么想的
	就觉得其实读博之后可能就业各方面会更好一些
	如果你只是个硕士,在你毕业的时候硕士已经泛滥了,那样的话你就没有竞争力了

三、我国博士生身份认同的内涵

续表

初始概念示例	原始资料示例
大学老师	我是特想去当大学老师,想留高校或者好一点的学校的话,必须得读博
高校老师体制内编制	因为毕竟是北京,再有可能在高校里当个老师相对而言会安稳一点
职业理想	当时我个人认为为了自己的就业方向和一个理念规划的时候,是更想进入高校当教师,所以读博就是要实现我的一个理想,或者是我职业规划一个必经的路径,绕不开它
高校	想要继续读博,读博与我现在的就业方向还是比较一致的,就想进高校
	高校是一个比较可行的选项,高校或者研究院可能是对为什么想当时可能觉得因为硕士的话是很难的,读了博之后就可能可能性会高一些

续表

初始概念示例	原始资料示例
高校	我读硕士之后,我们老师就跟我讲,如果你想去高校当老师你就要读博士
	其实就是想当大学老师这么一个想法
生活状态	因为读本科的时候,觉得我们学校里面大学老师每天上课和学生聊天什么的,过得很开心、很有活力,感觉那个生活状态是我想要的
	因为我比较向往大学老师,毕竟工作时间稍微自由一点,我觉得如果我还有一些其他我想做的事情,我还可以在其他的时间去做
寒暑假 学生思维	相对来说高校教师有寒暑假,从个人方面来说,因为高校老师能长期跟学生们在一起,学生的思维比较活跃,性格开朗

三、我国博士生身份认同的内涵

续表

初始概念示例	原始资料示例
假期	去高校主要就是因为有假期，然后可能时间会稍微自由一点
	因为我觉得其实很大程度上也确实受我的一些比较好的导师的影响，我觉得他们的生活还是挺好的，对我来说是一个梦想

博士身份所蕴含的就业竞争力在今天更为凸显。曾几何时，仅仅"本科生"这一身份所代表的含金量就足以让就业市场激烈争抢，研究生在彼时尚体现着较为确定的学术就职取向。伴随着高等教育大众化到普及化的发展，高校毕业生人数连年增长，2010年为575.4万人，2020年达847万人，到2022年，这一数字突破千万。随之而来的，是就业竞争催生的"考研热"乃至"读博热"。到2024年1月，我国已累计培养1100多万名研究生，2022年

在学研究生人数达365万，成为了名副其实的研究生教育大国。就业市场竞争的白热化、内卷化都使得研究生学历的意涵不再仅限于学术就业。加之学术职业岗位逐渐呈现饱和，就业吸纳能力下降，越来越多的硕士、博士涌向了非学术岗位。2019年Nature全球博士生调查显示，与入学之初的就业取向相比，博士生选择逃离学术岗位的比例高达40%左右。国际经合组织发布的报告显示，美国、加拿大等诸多国家的博士毕业生进入学术岗位的比例已不足40%。我国博士生就业也显示出多元化趋势，近1/3的学术型博士向非学术部门溢出，博士生群体毕业后期望去高等院校的比例也仅为50%左右，并且有超过30%的博士生期望成为实用技术开发人才、企业经营管理人才以及党政人才等。国务院发展中心的研究显示，在新发展阶段就业结构性矛盾会相对凸显，在这样的客观现实下，博士生就读动机和身份认同

三、我国博士生身份认同的内涵

除了立志成为学者，将博士教育视为带来高就业率和高薪资的人力资本投资，也是相当一部分学生的理性取向，访谈中许多博士生都对此毫不讳言，即使是抱以相当浓厚学术研究兴趣的博士生，也认为在做出读博选择时，博士学位在就业市场中具有相当的竞争力：

"对于工科而言，它对学历的认可度相对而言比较高一点，它相当于是技术层面的一些东西，你的学历越高，可能你获得的技术等级或者是以后去企业里面相关部门得到的认可度会更高一点"；"我最开始其实也没想好以后要做什么"；"我硕士毕业后工作过一段时间，但我觉得不太满意，然后感觉读博士能多一次再选择的机会，还是提升学历之后的"；"你像我们当时本科毕业的时候，现状就是进工厂在一线，然后要三班倒，但是工资又不高，而读了博士进去不能直接说是工程师吧，但也是技术型的，指导别人的"；"我觉得做学术我也是可以做的，但现在高校太卷了，我觉得带着博士学历去找别的工作应该也是受欢迎的，至少不会成为劣势"；"因为读博将来的工作面广，包括将来工作可选择的范围广一些"；"我从上大学就想考公，我们家那边感觉大家都是这个路径，不管你什么成就都不如成为体制内的人……我觉得读博的光环和公务员的光环是不冲突的，而且有博士学位后，待遇、职级什么的都不一样""虽然说我当时没有想博士和我未来工作的具体的关联，但我有一种潜在感觉，就是我读了博士之后，我找的工作肯定会比硕士要好，我当时是那么想的"。

博士身份的另一层意义是"准大学老师"。许多访谈对象在提到对博士生身份的理解和期待，都直接用"大学老师"来概括。一种是因为"大学老师"这一职业带来的吸引力："刚开始主要是因为读本科的时候，觉得我们学校里面的大学老师很开心，每天上课和我们谈天

三、我国博士生身份认同的内涵

说地的可有意思了,然后下了课以后他们就可以不坐班,到了晚上可能就会带着孩子遛遛,推着婴儿车来遛娃,要不就遛狗,就在学校里边,我当时就觉得这个工作太爽了";"我硕士时候和导师关系挺好的,我导师当时就建议说女孩子当大学老师挺好的,她对自己现在的生活节奏挺满意的,所以也建议我可以考虑。不过想进高校现在必须得读博,不像他们那个时候硕士也行";"我纯粹是因为太舍不得寒暑假了。感觉只有学校的工作可以让我一辈子都有寒暑假";"因为毕竟是北京,再有感觉可能在高校里当个老师相对而言会安稳一点";"我现在回老家他们都开玩笑管我叫某教授了,感觉大家也都觉得你都读博了,毕业了肯定进高校工作吧";"当时我个人认为为了自己的就业方向和一个理念规划的时候,是更想进入高校当教师,所以读博就是要实现我一个理想,或者我说职业规划一个必经的路径,绕不开它";"相对来说想当高校教师肯定是因为寒暑假，但是更多的从个人方面来说，是因为高校老师能长期跟学生们在一起，学生的思维比较活跃，性格开朗"；"因为我觉得其实很大程度上也确实受我的一些比较好的导师的影响，我觉得他们的生活还是挺好的，对我来说可以说是一个梦想，我觉得他们生活得挺好"。

从中我们可以窥见，他们将博士生身份的发展路径直接指向"大学老师"这一职业身份，而且就业内涵身份认同强烈的博士生表示，吸引自己的是"大学老师"群体的一种生活状态。这种状态或是在以往读书过程中的观察或是家庭对于其未来的期待。他们在话语体系中勾勒出的"大学老师"生活画像为：清闲、不坐班、上课、自由、有家庭陪伴时间。有趣的是，这部分博士生女性居多。对比之下，一位男性博士生在提到高校工作对自己有吸引力时，更侧重的是"体制内""有项目""学校里必须都有

三、我国博士生身份认同的内涵

博士学位"这样的考虑。

博士身份的另一层隐形意涵是"准大学老师"。有趣的是,这部分博士生女性居多。从女性主义的视角出发,可管窥"履行母职"议题下,女性就业选择仍将"有更多时间投入家庭"的考虑放在首位。

(四)博士生身份认同的文化内涵

博士生身份认同中的文化内涵,是对博士学位甚至仅仅是"在读博士"这个身份本身所蕴含的文化崇拜。从专业角度来讲,只有通过博士学位答辩、获得博士学位证书后才是真正的博士。但在我国博士生群体及其家庭期待中,"在读博士生"这个社会身份本身,就和已经毕业的博士生具有同等的文化内涵。这也是在国外博士生群体中很难发现的一种隐性集体情绪。他们对博士生的理解中有一种所谓的"文化人"崇敬,这种集体无意识无关这个"文化

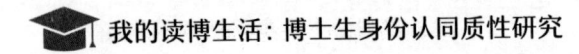

人"的收入、职业、地位,而是因为他所拥有的"文化属性"本身。

表5 博士生身份认同的文化内涵

初始概念示例	原始资料示例
家庭期待、学历崇拜	我的家长比较想让我读博,因为可能他们本身的学历没有那么高,所以说他们对学历的这种期待还是比较高的,他们没有达到的东西,就想让他的孩子去替他们完成一下
最高学历	博士学位从全球来说它也是最高学历,比它高的是没有的
升学惯性读书路径依赖	因为之前已经读了这么多年书了,就觉得还是继续考(博士)吧
	其实当时对于读博到底是怎么回事,并没有一个实际的认知,觉得硕士往上那就是博士。其实是自然而然往前走
	反正能一直上学肯定是好事嘛……还是读博士

三、我国博士生身份认同的内涵

续表

初始概念示例	原始资料示例
读书、前途	我们那边老觉得应该读、会读书的人,能够读好书的人,他就是有前途的人
	最功利一点、最简单一点就是读博的人很少,这跟硕士不一样,你看硕士现在出来一大把,读博士相对来说还是个稀有品种
喜悦	会觉得说自己是博士生了,到了这个阶段会有这种有一种小喜悦或者是有一种什么小满足
头衔荣耀	有的人对于博士的称呼头衔是很有尊荣感的,就是很光荣,他觉得很荣耀
称呼骄傲	就是说如果像我回到家的时候,别人会称呼我博士,觉得还真是挺值得骄傲的一件事情
赞赏	因为我记得那段时间我们在打印论文,打印店店员看到之后,我就明显地感觉到他们对你投来的那种赞赏,我很有感触,所以我觉得自己是不是还真的挺有前途的,还挺厉害的

续表

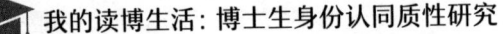

初始概念示例	原始资料示例
赞赏	让我觉得哪怕你就不去炫耀,或者不去明显说,也会发现他们对你很赞赏
高看	我能感觉到他们(老师)对于硕士跟博士的这种感觉是不一样的,可能对博士稍微高看一些

在国外的研究中,博士生身份认同是指对学生身份、学者身份和从业者身份的认同,没有将博士生本身作为一个独立的身份来理解。但在我国有关对博士生专业认同的一份研究显示,很多博士生在谈专业认同之前,会首先提到对于博士身份的认同,并把对博士身份的认同与专业学习紧密联系在一起。还有一些博士生直接表示读博是"体面"的事,而并不在意所读专业是什么。关于"有面子"这样的身份认同表达,是中国人特有的文化心理现象,这种感受无关具体的工作、财富或者地位:"博

三、我国博士生身份认同的内涵

士这个身份确实我会觉得它高,但是我也说不出来它哪高,它就是一种荣耀,不管我以后从事什么工作,我是一个博士。你看现在新闻报道博士开店卖面包、卖猪肉、去街道办什么的,虽然也有点猎奇的意思,但是还是潜在一种感觉,就是他干这个普通的工作也能干得比别人好"。这在本书中也得到了验证。同时本书发现了几种博士生身份文化认同的触发方式:

1. 被动触发:来自外群体的文化崇拜

有博士生认为,自己接收了博士录取通知书那天,全家比高考还高兴:"我爸妈还请了全村的人吃饭摆酒席。他说现在几乎谁家都有大学生,但是博士生就我们家出了一个";"我读博士之后家里人都开玩笑叫我'教授',我有时候听烦了挺不高兴的,本来学业压力就大,但他们觉得你好像早晚都能当教授,默认我好像已经进入了一个确定的未来似的,其实我每天担忧能不能找到工作。感觉(我们)完全在两个平行时空一样互相不理解";"我觉得很好笑的是,我现在帮爸妈解决了什么生活上的问题,比如手机操作一些报税、买票、挂号之类的,他们都会说一句'不愧是博士啊',其实我读博前也做这些事,但是他们当时不会这么觉得,好像我现在身上具备的一切东西都是因为博士的光环";"我有次在医院看颈椎,旁边一起看病的人听说我是博士,就一直在感叹'哎呀这么年轻的博士',还一直给他家里人说。说得我还挺尴尬的。感觉我好像成了什么稀有动物";"(说我)是清华的博士,我爸会经常把我的一些什么东西发到朋友圈里边去炫耀一下,包括跟我们村那边以及我们县,现在(我)每次回去的话,我们县的书记还有我们统战部的部长都会叫我们一起去吃饭,一起去交谈,然后给我们现在提一些建议、计划什么的"。

可以看到,博士生群体大部分感受到的这种"有面子"的光环,大多来自社会认同理论

三、我国博士生身份认同的内涵

中所指向的"外群体"。当面对外群体之时,博士生读博过程中的辛酸与学术探索的艰难无法被了解,却被直接赋予了极高的文化社会地位。尽管一些博士会在这些夸张的赞叹中感到尴尬或好笑,但他们并不否认这些赞美带给自己一种虚荣心的满足:"其实读博挺苦的,还经常被否定。但是当我在学校之外的环境的时候,大家好像都觉得我比他们高出一截似的。这种感觉其实也让我觉得有面子吧,但一想想每天在实验室那种枯燥乏味压抑的感觉,对比这种赞美,其实挺荒谬的,个中复杂的滋味其实只有自己知道"。

2. 主动触发:来自过去的文化资本

当然,除了被动地接收到这些赞叹,也有主动拥抱博士身份背后的文化属性的博士生。"我从小就喜欢看书,喜欢思考一些问题吧,所以真的是个挺典型的文科生。我一直很喜欢一句话'腹有诗书气自华',我起初感觉读博士也是可以坚持自己读书习惯然后培养书卷气的事。但其实做学术完全不是那么回事，还是有点失望吧";"当时正好有读博的机会，我觉得博士生听起来很厉害，感觉有这个机会当然要读。其实专业之类的都觉得无所谓，就觉得能读博士真的很有吸引力";"读博士其实是我以前从来不敢想的事，感觉博士是一个特别专业、特别有知识的那种知识分子，完全不敢想自己能有机会读博，所以尽管当时也有了工作的机会，但感觉和博士这种没法比。工作可以换来换去，但是读博并不是总有机会的。所以我还是选择读博了";"最功利一点，最简单一点就是读博的人很少，这跟硕士不一样，你看硕士现在出来一大把，博士相对来说还是个稀有品种";"会觉得说自己是博士生了，到了这个阶段会有这种喜悦或者是有一种什么小满足";"对于博士的称呼头衔其实是很有尊荣感的，就是很光荣，觉得很荣耀";"因为在我心

三、我国博士生身份认同的内涵

目中读博士其实是一个不能说光荣,但是感觉应该算是一个比较好的词";"你将来是顶着一个博士的头衔,你走哪都是博士,哪怕你这个工作做不下去,被辞退还是怎么处理,这是什么都没法代替的"。

3. 无意识触发:好学生们的升学惯性

除却主动对博士生身份产生文化内涵的认同外,很多一路升学产生惯性的"好学生"们,也谈到了文化内涵的隐性认同:"我读博时候其实没想那么多,觉得正好有机会就读了。但我现在回忆起来,我觉得我还是一直挺喜欢上学的感觉的。感觉学校里还是属于我很熟悉的一个环境吧。要是当时去参加秋招找工作什么的,其实我觉得我心底是抗拒的。但是读博这件事好像让我有机会可以先不去面对,我感觉我还不知道自己想做什么。""我读博其实是感觉自然而然的事。从小到大我也是属于那种'别人家的孩子'吧,一直都是好学生,上了大学之后继续读研然后读博，感觉就这么一路下来了。反正我觉得和具体的工作相比，读博不说好多少，但肯定没坏到哪去，至少还是可以继续上学"。

博士生身份文化认同的触发方式包括三种：①被动触发：来自外群体的文化崇拜；②主动触发：来自过去的文化资本；③无意识触发：好学生们的升学惯性。国内已有研究表明博士生身份认同是博士生实现专业认同的重要路径。博士学位代表最高的学历，本身具有身份象征。因此，我国博士生所具备的独特的文化内涵身份认同，可以为了解博士生专业认同发展过程提供新的视角。这也是本书所期待发现的一种集体潜意识。博士生教育在我国发展40余年，尚属年轻且具备极大潜力。博士生身份认同的文化内涵，或许是从专业社会化视角揭示博士生群体中"沉默的大多数"的一把钥匙。

三、我国博士生身份认同的内涵

我国博士生身份认同背后的文化内涵并不令人觉得意外,虽然现代的博士生教育体制来自国外,但教育身份背后的文化意涵在我国确实是源远流长的。自先秦时期诸子百家争鸣,"士人"这一群体所蕴含的文化内涵就极为强烈。自汉武帝"罢黜百家、独尊儒术",士人群体的文化地位开始提升,在一定的社会框架内,他们著书立言、针砭时弊、遣句抒怀。许多士人群体的文化地位并不体现在具体的官职之上,他们大多"意有所郁结,不得通其道,故述往事、思来者",坚信"文章千古事",即便在当世之时未能扬名,但后世又因注重修史用以"哀之鉴之"的缘故,重新得以传颂。魏晋时期以"竹林七贤"为代表的名士风貌正是体现了一种中国传统社会对知识分子的崇敬,它无关于官职、财富、现实作为,而是对哲学意义上的精神品行、人格情趣的崇敬。

隋唐以后,科举制逐渐完善,成为了影响

中国知识分子群体的重要选官制度。科举史专家刘海峰认为,"科举是中国古代一项集文化、教育、政治、社会等多方面功能为一体的基本制度,它曾长期左右着士人的命运和文风时尚。1300年间,传统中国官僚政治、士绅社会与儒家文化皆以科场为中心得以维系和共生,科场成为中国社会政治生活和人文教育活动的一个关键场域"。科举维系着读书人的身家命运和家庭的兴衰荣辱,科场如"战场"。千百万官员、文人都有着"科举生涯"这一共同经历。科举几乎是一种中国古代影响最大的社会制度之一。所以有不少学者将隋唐至清的历史称为科举时代,将当时的社会称为科举社会,将当时的文化称为科举文化,将当时的教育称为科举教育。

在中国古代,士绅阶层(包括做官和未做官或已致仕的)是一个举足轻重的社会阶层。秀才、举人和进士等本身只是一种科名,仅仅

三、我国博士生身份认同的内涵

意味着获得了通往仕途的资格和身份。但科名本身就有了独立的身份作用,有了科名,即使未做官,也已经获致了一种荣耀的身份,通过这一身份也可享有一定的权利乃至特权,也能赢得较高的社会尊敬,所以"少小须勤学,文章可立身"。这就深刻影响了传统中国对"读书人"的敬重情绪。这就成为了跨越时间与空间,延续到今日的一种集体无意识,也深刻地影响了今天的中国人对"博士生"这一群体身份的理解,包括博士生本人。

荣格的集体无意识理论认为,集体无意识是个体无意识的更深层次表现,是在人类进化过程中社会环境和文化历史的因素在心理上的沉淀,也就是深印于人类脑意识结构中的以前各代人经验的积累和反映。它隐藏在人类心灵的最深处,超越所有文化和意识。这种对知识分子群体的崇敬,本质上是传统中国沿袭而来的对文化的崇拜,对著书立说行为的崇敬,也是对"文章千古事"的集体心理的具体传承。这也可以解释为什么在我国的博士生群体的调查中,可以发现他们将"博士生"本身就作为一种社会身份去理解,但在国外的研究中却未发现这种倾向。在以往对博士生群体专业认同的研究中,研究者就已发现,我国很多博士生在谈专业认同之前,会首先提到对博士身份的认同,并把对博士身份的认同与专业学习紧密联系在一起。他们更多的是关注到博士的社会身份,还有一些博士生直接表示读博是一个"有面儿"的事,而并不在意所读专业是什么。关于"有面儿"这样的身份认同表达,其实是从传统中国古代社会延续而来的一种集体无意识。以往有研究将这种陈述概括为是"功利性读博动机",但本书通过访谈和调查发现,即使是具有积极的学术内涵身份认同的博士生,也会在对博士生身份的理解中陈述这种文化崇拜或学历崇拜。

三、我国博士生身份认同的内涵

因此，本书认为，这种中国式特有的博士生身份认同意涵，不能与所谓"学术性动机"或"学术志趣"直接二元对立。它无关具体的职业、收入、地位，是"博士生"身份本身所蕴含的文化意涵。

四、我国博士生身份认同的现状

博士生身份认同的现状又是如何？在博士生身份认同的三重内涵之下，今天的博士生群体身份认同又有什么样的角色与画像？概念界定部分已经论述，本书在"身份"与"角色"的概念使用上，根据研究重点的需要将"角色"定义为博士生这一社会"身份"之下的具体呈现。在指向博士生这一社会身份时，使用的是"身份"（identity）一词的概念；而在刻画研究对象在读博历程之中，身处不同场景时所触发的角色感知时（例如博士生课堂上的"学生"角色），使用"角色"（role）这一词。

四、我国博士生身份认同的现状

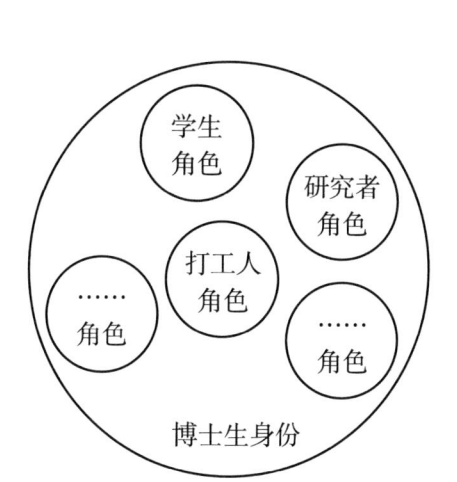

图2 本书中"身份"与"角色"的使用示意

博士生的身份定位问题是博士生教育中的一个基础性问题,厘清博士生在科研和教学过程中的身份和定位,对我们探讨改善博士生培养过程中遇到的问题具有重要的意义。在对博士生的角色定位研究中,历来有"研究者""学生"之争,"学生""雇员"之争。"研究者""学生"之争由来已久,主要是基于博士生的培养要求上,是更大程度上把他们作为"学徒"去详尽指导,还是更大程度上把他们作为"预备役研究者"任他们独立前行。"学生""雇员"之争主要是欧洲模式与美国模式的差别。在欧洲,许多博士生与高校、企业等机构签订劳动合同,他们被视为雇员,接受机构的资助;在美国,尽管大量博士生担任了助研、助教,但仍被视为学生。在我国,博士生的身份是学生,但如果考察他们在高校管理体制中发挥的作用,与欧洲以及美国的博士生在很多方面是类似的。我国开展研究型博士生培养仅有40余年的历史,在博士生培养制度的草创和完善过程中,我国既借鉴了美国的制度,也有师法欧洲之处。在高等教育规模扩张的背景下,我国的博士生培养所出现的新情况,仍需厘清背后之逻辑,才能提出解决之方法。

那么在我国博士生群体的角色定位上,本书首先明确角色理论的基础,以准确把握博士生身份认同的具体现状:

四、我国博士生身份认同的现状

首先，角色具有多元性。起源于戏剧术语的"角色"，其概念的能指与所指均进行了很大的变化。它正在被创造性地应用于社会学等其他领域。在该领域其本质是关注人的模式化行为，并强调人的大部分行为不是任意的，而是受社会环境控制。角色常常与一群共享认同的人相关。角色理论从一开始就主要关注人们的与给定社会位置相关的复杂行为方式，既研究特定个体，也研究特定集合体。角色理论强调个体行动者的角色与社会互动中的角色演变。尽管存在一定的社会期许，但是这些社会规范过于宽泛和空洞的，最终会使实际的角色可能被预期角色所消解。因此，角色丛的概念应运而生。

角色丛于 1957 年由默顿提出，默顿认为，角色丛是"人们通过占据特定的社会地位而具有的一整套角色关系"[25]。由角色和角色理论赋予了准确理解角色丛的定义。角色群就是占有一定地位的个体或群体通常不只扮演由本地位决定的一个角色，而是要同时扮演好几个角色。这就意味着，博士生身份认同的角色丛也并不是单一的，而是多重角色共同作用的。根据角色表现的显隐状况，将角色划分为活跃性角色与潜隐性角色。进而可以推论，同一主体的不同角色之间，就会产生联系或冲突。角色冲突分为两种：角色间冲突和角色内冲突，角色间冲突是指个体必须同时扮演过多的不同角色，由于缺乏充分的时间和精力，无法满足这些角色所提出的期望时所产生的冲突。角色内冲突是指，同一个角色由于社会上人们对于他的期望与要求不一致，或者角色承担对这个角色的理解不一致，而在角色承担者内心产生的一种矛盾与冲突。

因此，在把握博士生身份认同的现状时，要立足于角色理论，了解多元角色在同一主体身份认同中的流动和转变。本书通过深度访谈

四、我国博士生身份认同的现状

与对材料的整理发现,博士生身份认同中的角色流动,在"开题答辩"这一关键事件后,逐渐趋于稳定。因此,现将描述高年级博士生群体的身份认同情况,在下一章根据访谈对象读博经历的回顾,讨论博士生身份认同的建构路径。

博士生身份从社会认同理论的维度而言,是一个经由教育所赋予的身份。当把"博士生"作为一类特定的社会身份来看时,它是一个短期身份(在读期间的时效性)。因此,相对于低年级的博士生,高年级博士生的身份认同,经过了具体的角色认同流动,会形成相对稳定的状态。本书通过深度访谈和材料整理,从高年级博士生的访谈内容中,得到了四类相对具体的身份认同类别。

表6 我国博士生身份认同的4种类别

身份认同类型		兴趣	科研训练	选题方式	指导频次	指导方式	科研成果	认同情绪
被动型认同	不快乐的好学生	不明确	多	导师明确指定	固定	正反馈少,指导宽泛	多于2篇	积极
	孤独的浮萍	不明确	少	导师在大方向上指定	随机	正反馈少,指导宽泛	1篇以下	消极
主动型认同	理想博士	有大致兴趣方向	多	自主选题,导师修正	固定	正反馈多,指导具体	多于2篇	积极
	困在原地的土人	有大致兴趣方向	少	选题被否,导师指定	随机	正反馈少,指导宽泛	1篇以下	消极

（一）不快乐的"好学生"

此类身份认同的博士生，通常为在升学惯

四、我国博士生身份认同的现状

性下选择读博的"别人家的孩子"。他们对于博士生身份的理解,最凸显的角色仍然是"好学生",是一个延续"好学生"习惯的必然走向。在经过了应试教育下的高考后,他们对博士生的理解是对"大学生"身份的延续——当然,这种认同感受并不是可以直接察觉到的,而是通过读博历程的回顾,沉浸式体验从做出读博决定到当下的时间点,所凸显的活跃性认同角色。

他们的学术兴趣并不是主动生成的,而是根据入学后的学术训练提炼的——但这种提炼并不完全是一种发自心底的志趣和动机,而是优先以"毕业"为任务导向选择的。他们通常有固定的实验室或办公室,有导师规定的出勤要求(此类博士生的导师大部分都与学生共同在一个实验室),因此课题组联系紧密,形成了固定的组会制度和工作台关系。

美国著名教育家伯顿·克拉克在引用若干

诺贝尔奖获得者言论的基础上曾经这样发论："综合起来，诺贝尔奖获得者认为，他们早先和一位师傅一起学习的主要好处是'包括工作的标准和思想方式在内的一种比较广阔的方向'。他们在工作关系中学习到的某种提出问题的方法，一种搞科研或讲理论的风格、一种批判的态度和一种创造成果的方法，这某种程度比成果本身更重要。"这也是此类博士生虽然是"不快乐的"，但确实是看起来的"好学生"。繁忙的科研任务和密集的学术训练让他们很少有休闲的时刻，但如果只依据科研成果进行质量评价，他们无疑是"优秀的"博士。

教育叙事形象之郑努力：

郑努力出生在西北某省的农村，父母亲均未读完高中，靠体力工作和个体生意供郑努力一路读书。好在郑努力从小品学兼优，成绩优异。一路过五关斩六将，顺利通过高考来到一

四、我国博士生身份认同的现状

所"双一流"高校读书。本科期间,他延续从小到大的学习习惯,每门课成绩优异,终于在大四获得保研资格。保研面试当天,导师向他抛出了橄榄枝——是否愿意直博。郑努力被"博士"的光环吸引到,他认为:"博士简直是小时候想都不敢想的。小学时在班级说自己的梦想,大家都说'科学家',可谁也不知道'科学家'到底是干啥的,只知道很了不起。结果老师问我是不是愿意成为博士,这感觉就像我真的要当'科学家'了。"但另一方面,家里从来没有过读博士的人,他又想起了有些亲戚曾因他性格内向而嘲笑他"书呆子",担心是不是读博后更加坐实了这个形象。"我实在是拿不定主意,一边觉得读博士好光荣,一边又有种未知的恐惧,其实我真不知道读博后具体的生活是啥样。"回家后一经与父母讨论,没有上过大学的父亲立刻拍板"必须读"。父亲说:"虽然你作为家族里仅有的'大学生'已经光宗耀祖了,但这几年我看大学生越来越多,谁知道后面还吃不吃香?如果能直接成博士,还有谁能比得过你?就算晚赚钱几年,但'好饭不怕晚'。"

就这样,郑努力留在学校成为了直博生。他在本科期间并没有参加过系统的科研训练,所以在博士刚入学时,他并不知道自己要学什么研究什么。"第一天进实验室,我看每个师兄师姐都在忙,我一个人对着电脑不知道干什么,实在是尴尬。"好在导师几乎安排了他的全部时间,让他还没机会进入迷茫就开始干活。"我导师是一个非常要强的人。"郑努力说。导师作为中青年教师也正面临着评职称的压力。有许多"本子"要写,许多课题要申,许多文章要发。但时间分配不过来,有些任务就同时也落在了郑努力等实验室的同学身上。

郑努力一周的生活作息是:周一到周六,早8:30到实验室,晚上最早6:00以后才能

四、我国博士生身份认同的现状

走,但根据实验室的习惯,每个人几乎都要晚上 10:00 后才走。组会的前一天几乎人人通宵。每周六是固定开组会的时间,大家要依次汇报自己这周的进展和干了什么活,同时要听高年级博士的论文研究进展,听即将开题师兄师姐的选题汇报,讲自己本周看过的文献和想法。每周只有周日才是休息日。实验室的氛围很"卷",由于导师和他们在同屋办公,每个人每天都能见到导师。

郑努力在读博期间的日子几乎就是这么按部就班地度过。他的寒暑假分别只有一周和两周,他的生活里没有日期,只有星期。好在从小也是一路苦读上来,郑努力对这样的安排并不算排斥,毕业是他的盼头和指望。而且每天和实验室的同学朝夕相处,他们一起吃饭一起回宿舍,悄悄"吐槽"是他们共同的解压时间。每当晚上疲惫地走到寝室,他都想着等毕业赚钱了就好了,到时候千万不能找一个加班的工作。

不过忙碌的生活也有另一面的好处。郑努力在课题中负责的部分几乎很快就能发核心期刊文章，不仅有课题组的奖金，还能积累成果参评国家奖学金。到了毕业年级，郑努力几乎参评了所有能评选的博士奖项和奖金。回望自己一路走来的读博历程，郑努力还是满意的，他直言："所有能拿的我都拿了，挺好的。"尽管过程很苦，谈不上快乐，但也谈不上不快乐。郑努力觉得，自己没有想很多，无所谓喜欢与否，有任务推着自己前进挺好的。"不过毕业时候我可不想和我老师似的继续在学校里'卷'了，要是以后的人生每天都是这种节奏可真是没盼头。"

在谈到与导师的关系时，郑努力觉得，如果没有师生这层关系，自己不会和导师成为朋友。郑努力觉得导师性子急脾气大，每天"卷"大家。郑努力觉得如果没有师兄师姐们平时管

四、我国博士生身份认同的现状

着大家,导师根本没给实验室带来"家"的感觉。"我们师门当老师不在时候都特别团结哈哈哈,我们大师姐特别能操心大伙的事,谁该推进度了、谁该开题了、谁实验出问题需要帮助了,她都想着,甚至谁谈恋爱她都可关心了。"因此在郑努力成为了实验室的"大师兄"后,他也承续了这个大家长的角色。每当谈起自己的师门,他的口头禅就是"我们组"。

(二)孤独的浮萍

此类身份认同类型的博士生,也属于被动型的认同模式。他们的读博动机并没有格外凸显的要素,是一种综合考量的结果。他们并没有明确的兴趣方向,入学后跟随培养的制度性要求产生行为。他们也更容易在失去外界导向时陷入"深度间歇陷阱"(Depth Intermittent Trap)。

他们通常没有固定的实验室或办公室,没

有形成制度化的组会。除上课外，被动接受的科研训练并不多——此类博士生大部分为人文社科类博士生。在选题的过程中，他们大部分由导师指定方向。正因为他们接受科研训练少，与导师的沟通频次也较少，他们在博士历程中获得正反馈的机会也就随之变少。同时，因为没有形成固定的工作台关系或学术共同体，他们并没有一个获得博士生身份认同的组织体，他们体验到的孤独感格外强烈。更因为没有一个固定的学术共同体，他们的学术科研行为几乎完全仰赖自驱力，但如果不是拥有坚定的志趣导向和稳定的目标动机，完全的自驱力几乎很难启动，最后陷入"深度间歇陷阱"，不仅博士生身份认同出现障碍，自我评价和自尊水平也会受到强烈挫败。这也是诱发博士生抑郁、焦虑情绪的原因之一。

社会互赖理论（Social Independent Theory）认为，在协作性目标结构的指引下，个体间互

四、我国博士生身份认同的现状

动方式可表现为积极的互赖类型。所谓积极的互赖类型是指个体与其他个体之间在合作的情境中能够进行积极的互动,个体对指向目标的努力有利于他人目标的实现。协作——学习共同体作为博士研究生之间生生互动的重要学习载体,它的构建有利于博士研究生打破封闭的学习方式。而此类博士生正是因为缺失了这样的共同体环境,从而失去了更多培养科研习惯的机会,也少了很多寻找、建立兴趣的长期训练,导致身份认同结果呈现被动而消极的状态。

教育叙事形象之郑浮萍:

郑浮萍,一个来自某市小康家庭的博士生,生活在一个安稳幸福的家庭环境里。她的父母都在体制内有着稳定的工作,对她的未来充满期待,希望她能够拥有轻松稳定的生活。而郑浮萍自己也认同这种观念,她在本科上课的时候,就特别羡慕大学老师的生活状态:没有坐班制，上课和学生们自由讨论，没有升学压力。晚上经常能看到老师们在校园里遛狗、带孩子玩耍。郑浮萍认为，成为一名大学老师真是一个不错的选择。"我大学时候特别爱上公共课，因为不像专业课有作业压力，就坐底下听老师'胡说八道'，可开心了。"

尽管郑浮萍硕士就读于一所双非的大学，她仍然抓住了一个去"双一流"大学读博士的机会。入学之初，她觉得生活真的是很快乐。除了上课，其余时间完全由自己支配，博士期间的课程并没有考试，都是以课堂汇报和结课论文为考核。导师除了每学期初开一次组会见一下大家，平时几乎完全见不到。没有固定的实验室，所以也不太见得到师门内的同学，而高年级的师兄师姐都把自己关起来写论文。郑浮萍除了上课，几乎就是自由安排自己的时间，她觉得似乎自己现在过得就和大学老师一样惬意了。"我那时候真是觉得，哇，果然读博和

四、我国博士生身份认同的现状

大学老师就差一步,状态也差不多。我除了上课就是自由时间,那时候刚来北京,就天天出去看展、看话剧,去逛各种图书馆什么的,好像也没人告诉我接下来要怎么样,我眼前的主要任务就是上课、交作业、准备课堂汇报、期末前写个小论文,然后好像就这么过去了。"

在博一的课程期,她按照过去"完成作业"的习惯,完成后就似乎不知道自己该做什么。读了读专业相关的文献,尝试写了一篇稚嫩的论文,也投不出去。博二开学后,她发现自己突然像一片孤独的浮萍,不知道该去哪,该做什么。"感觉课程一结束,我就像个风筝断线了似的,好像没了什么组织和集体。除了同宿舍的,我甚至半学期都见不到其他同学,有时候我自己在图书馆一坐就一天,晚上出来才反应过来,我一天没和人说话了……我都害怕自己要自闭了。"

迷茫成为了她后几年的关键词,她不知道

如何利用这段时间。学院的师兄师姐开题时间并不固定,大部分以往师兄师姐都在博三甚至博四才开题,她觉得自己好像离这件事还有好远好远,目前并不急于确定一个题目。导师除了学期初和学期末见一次大家,平时几乎没有什么交流。"我开学时候和老师汇报过一次我想做什么方向,老师就指点了几句,说'你得往下挖'。但到底怎么挖其实我感觉我完全不知道,但当时觉得才博二,好多师兄师姐都是最早博三下才开题,感觉离我还早呢,自己也没太上心,几个月换个方向,但哪个我也没太深入。"

这样的日子过得很快,当她听到导师提醒她该准备准备选题时,已经是博三的下学期了。见她提不出可写的具体问题,导师便直接给她指定了一个题目。她虽然不够了解,却觉得解脱:终于有一件事可以去做了。"其实我老师给我题目时候我真的特别感激,然后又有一种羞

四、我国博士生身份认同的现状

愧吧,觉得自己好差劲啊,都不知道前几年在干啥。但总算是要开题了,我当时觉得人生终于又有前进的目标了,一下子感觉从沉睡状态醒过来了似的。"然而,没有经历学术训练的过程,开题报告的撰写与修改过程让她格外痛苦,一次次汇报得到的都是负面反馈,她心中既充满挫败和无助,又有一种委屈,觉得没有人管过自己。"那段时间和老师见面一下子就频繁了,差不多两周就见一次,但每次汇报都要挨骂,真的没有一次不哭的。我自己也知道自己确实差劲,但可能是被骂得有点委屈吧,就又会觉得老师之前要是管管我就好了。可这个念头一出来,我又想起别的老师说过的话,说'博士生是独立研究者,你得自己完成你的东西',这么一想又觉得都怪自己。反正就是读博前还是没想清楚,不知道读博到底意味着什么样的状态。"相比于以往日子的毫无规划,突然面临开题和毕业的压力、导师的严厉指导,这些都让她倍感焦虑和挣扎。

郑浮萍如今也已经进入了学位论文的撰写阶段。她直言现在的日子虽然累，但好在不是茫然无序的状态了。她唯一的动力就是赶快毕业。"我根本没有什么别的想法，满脑子就是想毕业。现在每天过得也特别累，肯定要补以前的课，但其实我好像没有开题前两年那么焦虑了。因为我知道什么时候要中期、什么时候要答辩，我现在就奔着那个目标在写。反正至少有个盼头吧，我就想快点结束这种漂泊的日子。"以往对高校老师生活的想象也逐渐开始落地，她发现高校老师们除了上课，还有巨大的科研压力、职称压力。她想，也许高职高专的老师职业更适合自己吧。"反正我现在还是想当大学老师，但是我在考虑高职高专。我太害怕这种被论文催着的日子了，要是在好一点的大学，还得为了评职称申课题写论文，我现在都不知道申课题具体是要干什么。我感觉我想当的大学老师是只上课的那种老师,不过现在高校也很卷,我只想到时候找一个清闲的地方,能上课、和学生经常交流接触就最好了,这样我自己也能一直很快乐。"

(三)理想博士

所谓理想博士,并非指完美无缺的博士生,而是相较而言,比较符合传统意义上的博士生身份期待与行为要求的博士。他们大多较早开始接受科研训练,大部分在课程期间就已经参与到了导师的课题任务之中。同时,他们有相对明确的兴趣方向,虽然并不具体或固定,但他们一直处于主动寻找兴趣的路途中。

值得思考的是,他们并非大部分博士生教育研究中所构想的——在入学之初即能够时刻主动保持科研行为、主动探究学术,他们的博一生涯恰恰大多为"任务导向"类。相当多此类博士生认为,自己在低年级阶段的活跃性角色并不是所谓的"研究者",而是"学生"加上"打工人"。他们回忆自己低年级时的历程,大多时间都是在"赶 deadline",由相当饱和的任务推动。不过与第一类"不快乐的好学生"群体相比,他们更具备主动思考的能力,他们从更早的时候就开始思考自己的选题和研究方向,无论是被动接受任务还是主动汇报时,都更愿意将选题这件事作为自己的驱动。他们的选题过程并非一帆风顺,也有博士生回忆自己甚至因为选题与导师产生激烈的争执,但他们大多能在前期的科研训练中形成自己的学术趣味,因此也能在后续没有了制度性约束的情况下,保持主动的学术探索。当然,此类博士生基本也身处于一个相对紧密的共同体中,固定的组会制度或读书会等研讨都能让他们一直与同门保持比较密切的联动。

教育叙事形象之郑得意:

郑得意出生在南方某省县城。父母亲都是

四、我国博士生身份认同的现状

普通职工,他本科凭着好成绩考上了一所"双一流"大学并顺利保研。因为本硕都在同一所大学,他将本科时期所参与的一项服务青少年的社会实践坚持了6年,并带着总结的社会实践成果和报告,参加了全国大学生的创业大赛并获得金奖。这段经历直接让他对初步的学术研究产生兴趣,他在硕士期间开始主动研究与青少年公益相关的学术问题,并得到了老师的鼓励和帮助。硕士期间发文章的经历和收获让他坚定了要读博的念头,他终于成功成为了传说中"清北大学"的博士。在收到录取通知书那天,连县长都来家里道贺送锦旗。"那时候的感觉是,博士确实不一样。好像大家默认你比他们的地位都要高似的,我也说不出具体哪里高,但是别人态度就好像让我有这种感受。不过可能也和我的学校有关,我不知道要是留在本硕期间的学校读博是不是也会有这个待遇。"

被录取后，郑得意就参与到了导师所负责的课题项目中。虽然是之前并不了解的领域，但有师兄师姐带着他一起做，他也逐渐开始了解了成熟的学术研究是怎样做起来的。"我记得被录取之后师兄就把我拉到师门群里了。我从那时候就开始线上参加组会，最开始肯定也是听不太懂，但跟着听几个月，至少知道每周要干什么、汇报什么了。"开学后，博一期间的课程安排很多，导师每周一次的读书会和两周一次组会雷打不动，加上参与的课题项目，郑得意用"连轴转"形容自己的博士生活。"完全是每天靠最后期限推动日程。早上睁眼想的是今天要交什么，晚上睡觉想的是明天要干什么。其实第一年过得特别特别累，但不是那种压抑的、焦虑的。别人老问我你读博会不会焦虑抑郁，我说我主要是忙，我都没时间焦虑。"

因为很早就对青少年公益感兴趣，他在忙碌的读博生活中，依然在思考有哪些学到的理

四、我国博士生身份认同的现状

论和方法可以成为自己选题的助力。在一次组会和导师汇报时他提了自己想要研究的方向，导师让他先不要急着确定，可以慢慢看。

博二开始后课程结束了，郑得意全身心围绕着课题任务和自己的选题任务继续着博一养成的作息习惯。"博二开始以后其实生活反而规律了，不太被课程打断的那种。时间表很固定，我们每周一次读书会，两周一次组会，其他时间要么是跟着导师做课题、出差，要么就是一边思考自己的选题一边读书，然后把积累的东西在组会和读书会上汇报。"一次读书会上马克斯·韦伯的理论让他突发灵感，发表了自己的第一篇文章。"其实我最开始没思考过读书会有什么用。但现在回看，真的是无形中让我坚持读了好几年书，积累了很多理论和学科知识。以前尤其是任务多的时候，还挺烦读书会设定的，就觉得还得专门留出时间读书，因为得汇报想法嘛，你要是没深入读，一讲别人就听出来了。但现在我越来越觉得很喜欢这个读书会，不仅是有做研究的帮助，还能让我保持思考的习惯和交流。"

在一次出差任务中，一个更加有现实意义的问题让他转换了自己的学位论文选题方向。"我觉得入学前那个兴趣点也不遗憾，至少我也思考过。但并不是每个兴趣都适合做成大论文，我觉得我后面发现的这个问题更能深入发现一些东西。而且我也终于理解为什么最开始和老师汇报选题时候他说别着急，因为选中一个题目确实是需要一次又一次的反复思考的。"后期在和导师的反复探讨中，虽然导师提醒他现在的研究方向是有难度的，但他一次次表示自己想要坚持。导师开始帮他聚焦这个方向的题目。"我老师对准备开题的学生还会单独见，除了组会之外我们可以每周约他在办公室的时间去讨论半小时。最开始他觉得我选的这个题目有难度，不一定能做出来。他说我博二下应

四、我国博士生身份认同的现状

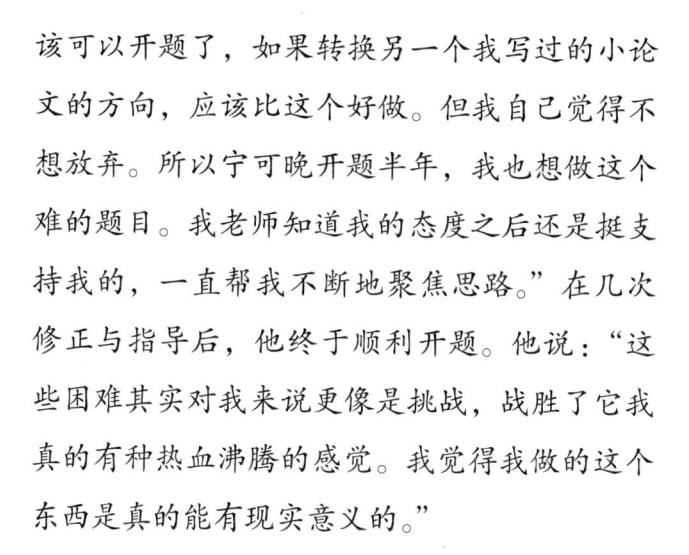

该可以开题了,如果转换另一个我写过的小论文的方向,应该比这个好做。但我自己觉得不想放弃。所以宁可晚开题半年,我也想做这个难的题目。我老师知道我的态度之后还是挺支持我的,一直帮我不断地聚焦思路。"在几次修正与指导后,他终于顺利开题。他说:"这些困难其实对我来说更像是挑战,战胜了它我真的有种热血沸腾的感觉。我觉得我做的这个东西是真的能有现实意义的。"

郑得意目前正在撰写自己的学位论文,除了依然按时参加每周的读书会和每半月一次的组会讨论,他都在图书馆写论文。在就业考虑上,他认为自己并不排斥高校以外的工作单位,毕竟哪里都有研究岗。无论在哪里,他都能继续挖掘自己想探索的知识前沿。他说:"其实是否成为教职现在对我来说并不重要,因为无论做什么职业,我都会坚持研究工作。这个工作内容和生活状态对我来说才是最重要的。"

(四)困在原地的士人

之所以用"士人"这个传统的称呼来定义此类博士生,是因为笔者在访谈过程中,在他们身上感受到了一种强烈的"壮志难酬"之意,颇具有"怀才不遇"的传统士子之气。

他们也是本书发现的比较特殊却并不少见的一类博士生。他们尽管对自己的博士生身份认同情绪相对消极,但却并不是茫茫然的状态,而是一种自己有想要施展的能力,却无从用力的无奈感和挫败感。他们在兴趣选择上并不是像第二类博士生一样没有想法。相反,他们的想法非常主动,甚至要比第三类的"理想博士"更主动。他们在入学之初,并不是传统意义上"吊车尾博士"的模样。他们具有相当大的学术兴趣和好奇心,愿意在专业上投入时间去思考和探索。但他们大多面临过同一个关键事件:选题被否。

四、我国博士生身份认同的现状

他们提及这个关键事件时,都谈到了自己的沮丧和失意。有部分学生认为,如果能够得到具体的反馈和相对密集的指导意见,曾经被否掉的选题未必是不能在适度调整之后继续深入的。他们几乎都没有一个制度化的研讨时间,而频次较少的指导培养和非固定的学术共同体导致他们并没有训练专业能力的机会。他们要么困于"导师规定的活儿",要么"永远都一个人思考",最终"永远困在原地"。

本书通过详细梳理深度访谈的资料,结合社会认同理论视角,扎根了我国博士生身份认同的四种内涵。相较于国外博士生身份认同,我国的博士生身份认同充分受到了传统文化和历史的影响,承载了数千年来无法回避的集体潜意识。

同时,通过整理访谈资料,明晰了当前我国博士生身份认同的四种具体类型。从认同产生的主被动性分类,被动型为"不快乐的好学生"和"孤独的浮萍";主动型为"理想博士"和"困在原地的士人"。综合分析可知,有自发兴趣的博士生更容易形成主动型认同;接受系统(或频繁)学术训练且有主导性研讨指导的博士生更容易产出科研成果。

教育叙事形象之郑失意:

郑失意本硕博都在同一所学校就读。她从小就被周围人叫做"小才女",喜欢读书,喜欢了解一切自己还不明白的东西。她的父母也极尽所能满足她的爱好,无论是买书还是学钢琴,都能够如愿以偿。她也并没有辜负"才女"这个称号,一路前行考上了理想的学校。接下来读研、读博,一切都顺理成章地发展下去。"我从小在其他家长眼里应该就是那种'别人家的孩子',比较听话吧,然后爱读书,从小读到大。所以我读博士时候家里人其实并不惊讶,就好像我肯定会走这条路似的。"

在博士入学之初,她充满了期待和喜悦。

四、我国博士生身份认同的现状

她在课上听到老师说,博士生研究的都是知识的最前沿,博士生是要突破知识边界的人。博士课堂上的研讨、课堂老师组织的田野调查,都让她觉得自己沉浸在知识的海洋之中,体验到了一种幸福感和自豪感。她一直有一个从小到大都喜欢的领域,她期望自己能通过博士的就读,更深入地了解、揭示它,就像做硕士论文时那样。"我自己的硕士论文完全是在没有指导的情况下写的,因为当时的导师完全不管我。但我自己挺有自信的,因为我一直喜欢这个专业嘛,然后我的硕士论文也评上了全校优秀论文,其实对我自己是一个挺大的鼓励。我觉得我应该能做学术。博士入学之后第一年我其实过得很开心,我感觉博士生的课堂和硕士不一样,真的是在研讨,针对一个问题每个人提出自己的想法。我特别喜欢这种氛围。"

博一结束后,她用一种自己独立学习的研究方法写了一篇论文请导师指导。导师简单看了一眼说："完全不规范，根本不是这么写的。"她觉得有些受挫败，但不知道该如何修改。"我当时其实想让老师帮我指点一下怎么修改，但我老师的态度就是'完全不行'、'都不用看'，我真是有点受挫的。""然后那时候老师差不多一个月开一次组会吧，但基本就是讨论讨论要毕业的师姐的论文，我们低年级的基本就是讲讲想法就结束了。我当时也特别想多了解做学术的前沿，我就从微信公众号看到了一个学术会议。因为那时候总被老师打击嘛，也不敢问她，我就自己报名参加了。结果发现到场的都是来凑热闹的，才反应过来自己可能没有找到正规的学术会议。"她突然发现，自己根本不知道要怎么做学术，怎么进入圈子。但她不太敢去问老师，"她肯定要说你这去的都是骗人的，要么就说我还不够格参加。"

后面的组会上，她除了完成导师布置的任务，就是一次次汇报自己的选题。然而她得到

四、我国博士生身份认同的现状

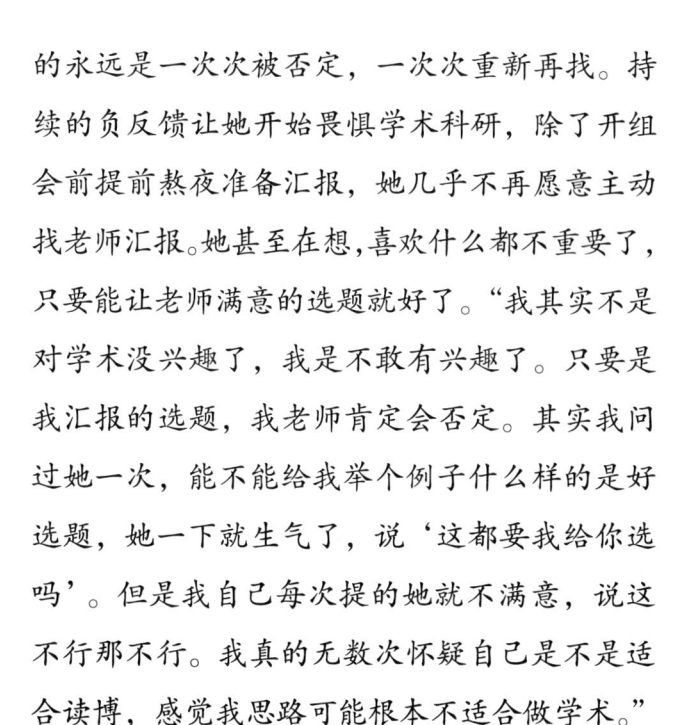

的永远是一次次被否定，一次次重新再找。持续的负反馈让她开始畏惧学术科研，除了开组会前提前熬夜准备汇报，她几乎不再愿意主动找老师汇报。她甚至在想，喜欢什么都不重要了，只要能让老师满意的选题就好了。"我其实不是对学术没兴趣了，我是不敢有兴趣了。只要是我汇报的选题，我老师肯定会否定。其实我问过她一次，能不能给我举个例子什么样的是好选题，她一下就生气了，说'这都要我给你选吗'。但是我自己每次提的她就不满意，说这不行那不行。我真的无数次怀疑自己是不是适合读博，感觉我思路可能根本不适合做学术。"

日子就这样过去。她按照规定时间参加了开题，题目最终也是由老师指定的，她想，只要能毕业就好了，哪怕不是自己主动想做的题目。但在一年后的一次组会上，新来的师弟提出了一个和自己当初很类似的题目时，导师竟没有和对待自己一样直接否定，而是提出了一些建设性意见,态度很温和。这让她突然发现,自己其实从来都不知道,导师为什么不同意。"我那天其实比当年被否定题目那天还要难过。我甚至在想是不是老师讨厌我所以否定我的选题。但是别人提了她就同意了,还给他提建议说怎么调整聚焦之类的。"在她的印象里,导师一直在说自己的选题如何不好、不完善、不深入,但怎么调整修改呢?这个基础上还能动一动吗?她从来都不知道。

这让她想起了另一件事:她曾在某中学的一个选修课程项目中担任助教。该中学注重对学生科研能力的培养,特意开设科研课程,引进高校专家进校园指导学生,刚做助教时,郑失意时常觉得震撼,没想到这些学生接受的学术训练这么规范扎实、开始得这么早,他们大多才高一,有些是初中生。她觉得有点落差,"我辛苦了这么久来读博,获得的教育资源可能还不及这些高中生获得的学术培养。"她很羡慕

四、我国博士生身份认同的现状

老师们给这些学生构建学术体系时，会从基础的文献查找讲起，教他们怎么做文献综述、怎么找选题、研究方法有哪些，甚至还会教他们科学记笔记的方法。学生将自己感兴趣的点跟他们交流，他们都会认真对待，慢慢引导学生深入思考，形成选题。她回忆自己本科和硕士期间，都没有受到过这么细致扎实的学术训练。硕士、博士的导师都偏向默认他们都会，她反而在中学的学术课堂上学会了怎么做学术。

可惜，当时她已经快毕业了。她不再想做学术，只想找到一份安稳的工作。她觉得，也许工作以后，才能开始自由地思考和阅读。"我可能一直都只是个读书人而已，并不配做博士。博士好像有自己的一套规范，一个固定的圈子，一个愿意带领你前进的人。但我好像都没有，我提的问题也不配做学术，我现在甚至不太愿意表达自己的观点了。"

五、博士生身份认同的时空讨论

（一）时间流动中的关键事件

关键事件（critical incidents）的概念是沃克（Walker）在研究教师职业的时候提出的。对关键事件的概念界定，国内外学者一般都引用在《教师职业生涯：危机与连续》中的表述。他认为"关键事件是指个人生活中的重要事件，教师要围绕该事件做出某种关键性决策。它促使教师对可能导致教师特定发展方向的某种特定行为做出选择[26]"

本文认为，关键事件是指发生在博士生专业成长生活中的重要事件，会引起博士生对自己原有身份结构（即博士生自身的身份观念、知识能力、专业态度和动机、专业发展需要和

五、博士生身份认同的时空讨论

行为以及意识等）进行反思，甚至往往使博士生做出某种关键性的决策并导致其朝着特定的方向发展。这种决策对博士生身份认同的动态变化往往起着关键性作用，因此这些事件隐含着重要的价值。博士生的身份认同尽管在读博历程中时时刻刻都会因为具体情境的触发而产生动态变化，但并不是所有的经历或经验都对博士生的身份发展起重要影响。只有一些重要的事件或称"关键事件"才会对博士生身份发展起重要影响，促使博士生对个人的身份认知和行为进行反思、重组和改变。

根据质性研究中博士生群体对自身的读博经历的回顾，以及构型分析中得到的关键自变量，可以得到以下关键事件：

课程培养。课程培养是博士生进入新身份后的第一阶段。在这一年或一年半的过程中，博士生能够通过课堂上的知识输入、方法掌握、师生交流等逐渐建立对于研究者角色的认知，并通过与以往教育经历中的不同，逐渐确定博士生身份所需要的转变。

科研训练。科研训练是指，博士生在课堂以外所受到的以发展博士生专业身份为目的的学术训练。具体包括：阅读整理文献、做实验、学术论文写作、研讨会发言、参加学术会议、参加课题工作等。科研训练直接将博士生带入具体的学术情境中，无论博士生的学术角色是主动型认同还是被动型认同，都会在科研训练的情境中触发。通常来说，科研训练的频次、强度和时间量级越大，博士生的学术角色认同越强。

开题事件。博士学位论文的开题可以说是博士读博历程中最重要的一个关键节点。根据质性研究的结论，在开题事件发生以后，博士生身份认同的角色流动基本开始趋于稳定。无论是何种身份认同的发展路径，在此时都会使研究者角色成为活跃性角色。尽管发展程度有

五、博士生身份认同的时空讨论

所不同,但在外部压力与内部动机的双重驱动下,论文研究写作的行为过程会持续加深巩固研究者角色在博士生身份认同中的凸显性。

当然,在如上的关键事件中,导生交流始终贯穿辐射于全过程。正如量化分析中得到的模型,导生交流既直接影响博士生的身份认同,又能通过影响博士生的学术共同体互动体验和读博情绪体验影响博士生的身份认同。

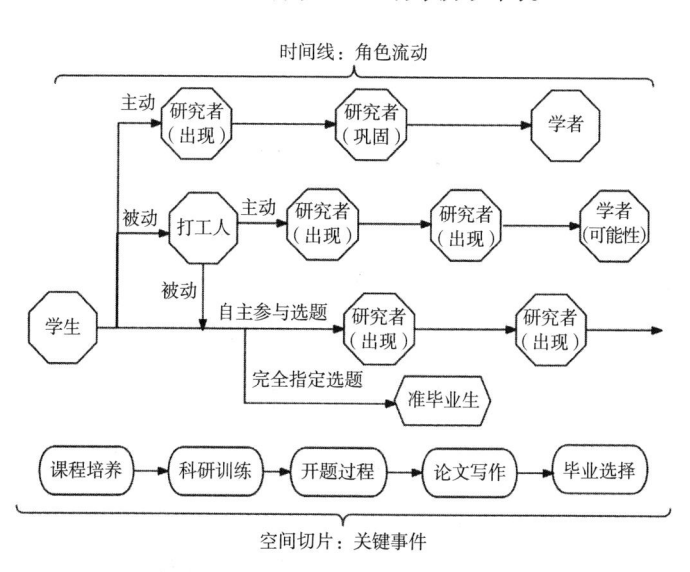

图3 博士生身份认同过程中的角色发展流程图

1. 课程阶段：研究者角色的认知与期待

博士生课程阶段在博士生教育中是第一个关键性环节。尽管博士生培养的最终成果体现是进行原创性的研究及撰写论文，但课程培养为博士生未来的研究奠定了坚实的理论和方法基础。一方面，博士生课程通常涵盖专业领域的前沿边界与实践方法，帮助博士生在既有知识基础上进行拓展和深化，这为他们的研究提供了更广阔的视野和更深刻的理解。尤其是方法类的课程，能够在技能上增强学生的研究能力，这对后续独立研究的设计、实施和数据分析至关重要。另一方面，课堂为学生提供了与导师和同学交流的机会，在一个开放的讨论环境，不同背景的初入学的博士生共同开展基础的学术讨论与合作，既是他们建立研究者身份认知的机会，又能拓展思路、获得即时反馈，培养学术研究必备的批判性思维，更好地构建自己的研究课题。

在课程阶段，无论是直博的博士生，还是

五、博士生身份认同的时空讨论

经历了硕士阶段的博士生,都在这一时间段里开始转变自己的角色,开始适应和走向"博士生"身份。上一章的回归分析已经证实了博士生课程对其身份认同的正向影响,在读博历程中,课程是博士生身份转变的最早场域,他们在课堂上积累广博的知识基础和具体的研究方法,在专业学者的言传身教中建立对"什么是研究者"的认知,在参与课堂的过程中感受到自己的"学生"角色与"研究者"角色之间的差异,产生对博士生身份的理想自我(ideal self)与应有自我(ought self)的构建(如图)。

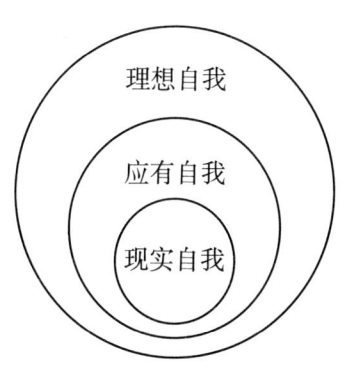

图 4 认同分裂理论中的三重自我

2. 学术训练阶段：研究者角色的出现与巩固

系统的学术训练过程是博士生在实践中体验"研究者"角色的必由之路。学术训练的具体形式包括但不限于：课题参与、学术交流、论文发表等学术经历。

学术训练对博士生的正向影响已得到诸多研究证实，谢鑫、陈洪捷、沈文钦等学者的研究发现，在综合考察各类学术训练环境的影响时，学术交流和课题研究对科研能力增值的促进作用最为突出，甚至超过了导师指导。博士生参与学术交流活动不仅能在科研行为中提升其学术交流和表达能力，更是在一个相对成熟的学术情境中触发并持续巩固博士生的身份认同。无论是课题研究还是学术交流，都为博士生的科研实践提供了重要载体。尤其是制度性的学术训练环境，能够为博士生在离开课堂这一场域后，持续性触发研究者角色的出现和稳定，日积月累之中，研究者角色得以在博士生身份中发展和巩固，成为活跃性角色。此时，这样的认同状态就可以反向促进博士生主动的学术行为，实现良性互动。

3. 选题与开题：研究者角色的确认与内化

从选题到开题的过程无疑是博士生就读生涯中的关键事件。前期的课程积累为博士生铺垫了广博的知识基础和专业的研究方法，正规的学术训练为博士生提升了开展独立研究所需要的能力和素养。而博士学位论文作为博士生重要的原创性成果标志，从选题过程到确定题目，能充分考验和展现博士生提出原创性研究问题并进行系统研究的能力。选题的过程是博士生真正从"任务导向"走向"主动选择"的关键时刻，陈洪捷认为，博士生阶段是进行科研的一个训练过程，而科研训练是一个复杂的过程，其中包括发现问题、制定研究方案，分析或论证问题，并最终解决问题等。这三个环节各有侧重，都很重要。但提出问题这一环节尤其重要：能提出一个有价值的、值得研究的题目，说明该博士生已经跨过第一道门槛，真正进入研究之路了。

而从另一个角度来说，博士生通过独立探索而提出的选题，往往是其带有研究兴趣的问题，背后蕴含着博士生的求知欲、好奇心和学术激情。而这些非认知因素恰恰是科研的重要支撑力量，往往也是高质量研究成果的必备条件。当然，自主选题并不意味着导师的缺席。前文中无论是质性研究的结论还是量化分析的结果，都证明了导师指导的重要性。博士生自主提出选题，经过导师不断调整修正的磨合过程，加上探究性的指导，最终形成的博士学位论文选题，是博士生本人难以替代的学术成长经验。这一过程也为研究者角色的确认与内化提供了关键情境。如果能够对自己带有学术趣味的选题开展长达一年以上的系统研究，博士生的研究者角色将在获得感与求知欲的牵引下走向成熟。因此,选题与开题过程,是博士生身份认同转变最关键的事件。

4. 毕业论文写作阶段:研究者角色纳入主体身份

毕业论文的写作是博士生培养过程中的最后一段经历,也是博士生的研究者角色是否能转化为研究者身份的重要阶段。前文已述,角色相较于身份,并没有侧重主体对"我"的思考。而研究者角色纳入主体的身份,就意味着即使没有触发研究者角色的情境,这一角色也已经正式内化到主体的身份认同之中。而这一转变,就发生在前期积累了课程基础、学术训练、探究性指导下的自主选题等过程后。在学位论文的写作阶段,博士生逐渐调和了主体身份认同与理想身份、应有身份之间的关系,找到了平衡点;同时,在逐渐收获的学术成就(如发表论文、项目结题、获得奖项等)中,正式确认了自己的博士生身份认同。

成熟的博士生身份认同,以学术认同为核心,成长出以学术为志业的靶向,并根据学科特性,延伸出学者身份对相应领域现实问题的关切。他们不仅会思考和规划未来的职业道路,还会明确自己的长期学术目标(许多都在学位论文的基础之上),持续发展和提升自己的学术影响力。

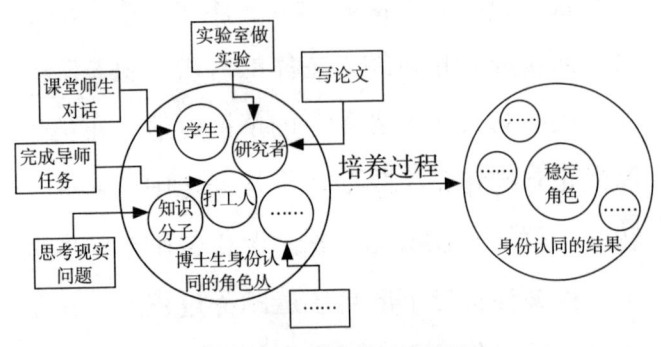

图 5 身份认同的稳定过程

(二)空间切片中的关键要素

通过上文中相对理想化的博士生身份转变过程,能够总结以下触发研究者角色出现或持

五、博士生身份认同的时空讨论

续的关键要素：兴趣、训练。

1. 兴趣

兴趣是个体持续关注并从事某一特定活动或领域的一种心理倾向，对个体的学习、发展和成就有着深远影响。为了系统地解释兴趣的起源、发展过程及其影响机制，伦宁格（Renninger）和海蒂（Hidi，1994）提出了兴趣发展理论（Theory of Interest Development）。该理论从动机和自我调节的视角，阐释了兴趣的形成根源、发展路径和作用价值，为教育实践中激发和培养学习者的持久兴趣提供了理论依据。

兴趣发展理论将兴趣划分为情境兴趣和个人兴趣两种类型。情境兴趣指由新奇性、肯定参与等外部因素所引发的短暂兴趣状态。个人兴趣则是植根于个体的内在价值、情感投资和自我认同，表现为持久稳定的兴趣特质。两种兴趣之间存在发展联系，情境兴趣可能演化为个人兴趣。该理论提出兴趣经历"触发情境兴趣——维持情境兴趣——出现个人兴趣倾向——形成持久个人兴趣"4个阶段的发展模式，构成了兴趣的四阶段发展模型。研究者克拉普（Krapp）支持情境兴趣和个体兴趣的观点，他认为兴趣要从情境兴趣发展为个体兴趣必须经过3个典型的阶段。这3个阶段分别是：①情境兴趣被外部刺激唤醒或触发；②兴趣在学习阶段的保持；③形成相对持久的个体兴趣。

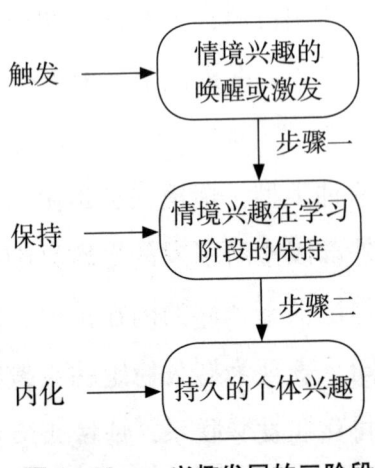

图6 Krapp兴趣发展的三阶段

五、博士生身份认同的时空讨论

通过前文质性研究的扎根和叙事回溯分析,可以看到兴趣在博士生身份认同中的重要作用。无论是入学前就产生的兴趣,还是入学后在课堂或科研训练中收获的兴趣,都与学术认同的形成和巩固有至关重要的作用。根据兴趣发展理论,只有从被动触发的情境兴趣发展到持久的个体兴趣,才能形成主动性的研究者角色认同,进而形成相对积极的认同情绪,继续促进博士生身份认同情况。当然,情境兴趣如要发展成为个体兴趣,持续性的学习是必需的巩固过程,这就讨论到了第二个关键要素:科研训练。

2. 训练

科研训练是另一个重要的身份认同建构情境。根据前文的质性访谈扎根后分析可以得知,科研训练能够为博士生的身份认同创建一个稳定的建构情境,消极型的身份认同角色如郑失意和郑浮萍,均缺乏稳定的学术共同体组织。

以往的研究也证实了这一观点：学术训练环境（RTE，Research Training Environment）理论认为积极的学术训练环境可以通过提高研究生对科研的兴趣和自我效能感，进而促进其科研产出，它涉及教师科研行为的示范、鼓励学生参与研究活动、强调将科研与人际互动经历相结合、在课程中传授多样的研究方法、要求完成原创性的学位论文等。

当然，训练与博士生身份认同的具体路径，仍要通过后文中的回归分析进行下一步验证。尽管并不是只要有训练，就一定有理想的"研究者"角色主导的博士生身份认同。但在能够触发主动性的研究者角色认同的关键，仍然是训练中的兴趣要素。当博士生仅仅是一味被动接受训练任务的安排，却并不能从训练中产生好奇心、愉悦感和兴趣时，凸显的只能是被动与茫然。如何转变为主动的"研究者"角色？仍然要回到兴趣和训练的互动关系中讨论。

五、博士生身份认同的时空讨论

（三）兴趣与训练的相生效应：学术志趣的形成

Taste 一词，在英文中具有丰富的含义，包括味觉、品尝、兴趣、品味等。在柯林斯词典中对其的解释之一是：一个人的 taste 是他对喜爱事物的选择。而科学研究中的 taste 是由诺贝尔物理学奖获得者杨振宁在 20 世纪 80 年代初提出的。"一个人……所接触的方向及其思考的方法，与他自己过去的训练和他的个性结合在一起，会造成一个英文叫做 taste，这对他将来的工作会有十分重要的影响，也许可以说是有决定性的影响。"在杨振宁看来，taste 是科学工作者在研究历程中由诸多因素结合在一起相互作用而形成的。"taste 的形成比 style 要稍微早一点，往往在自己还没有做研究工作的时候就已经有 taste 了。"对于这一素养，杨振宁给予了高度的肯定作用："它对物理学有关键性、长期性影响。因为它决定了你喜欢提什么问题，不喜欢提什么问题；喜欢了解什么问题，不喜欢了解什么问题；一个问题来了，你喜欢用什么办法去解决它……每个人根据他过去的经验都会形成他自己的哲学……应当注意到它对自己的工作有关键性作用，因此应当适当地去控制它。"对于这个概念，杨振宁也曾用"偏好"或"爱憎"去解释，也有学者将其译为"趣味"，但他本人一直没有比较认可的汉译词语："style 在中国叫做风格，taste 倒不知道该怎么译法，有人把它译为品味，不过我想这不见得是最正确的翻译。"

综上可知，taste 的内涵有如下方面：① taste 往往产生于专业的科研工作以前，是在训练中结合了主体的个性形成的；② taste 确立后，人往往就形成了自己的学术品位，对特定的研究问题、研究方法都产生了自己的偏好；③ taste 是高于一般兴趣的趣味，但并没有到达"志趣"

五、博士生身份认同的时空讨论

的程度,是一般兴趣的高级阶段,但距离明确自己的职业道路、建立自己的科研风格还存在一定距离;④ taste 是一种鉴赏力,是对科学研究产生了"美"的体验的一种素养。教育学界以往讨论的兴趣、志趣大多都偏于决定性状态,无法如 taste 一般更准确地形容学生初步形成学术趣味的状态。因此,本书沿用"趣味"这一译法形容 taste,以区别于以往老生常谈的兴趣和志趣。

在 taste 的内涵理解上,本书将克拉普和海蒂等人分类的情境兴趣和个体兴趣作为研究理论基础,以更好地区别兴趣(interest)与 taste 的区别:情境兴趣指的是主体在与环境相互作用过程中由于受环境内某些因素的吸引或者刺激而产生的兴趣,也是兴趣产生的初级阶段,这是一种持续时间可长可短的兴趣,具有极不稳定的特点;个体兴趣指的是个体在某一特定的领域,随着时间的推移以及自身掌握的知识、经验、技能不断丰富而产生的一种比较长久且稳定的关于这个特定领域的积极心理倾向。它是兴趣的高级阶段，这个阶段的兴趣已经成为一个人的内在品质，兴趣已经内化到个体的认知结构和价值观中，不再需要有吸引力的外部条件来刺激他去探索学习，而是会根据自己的需要主动学习。个体兴趣持续时间长且稳定，对个人的能力、认知、人格发展起着很大的作用，甚至影响到一个人的职业选择和人生规划。因此，对 taste 的理解就可以从个体兴趣的维度去把握。当情境兴趣发展到个体兴趣水平时，这时兴趣已经成为一个人的内在品质，这意味着这个人不会轻易地改变对兴趣对象的态度，这时就已经形成比较稳定且主动性很强的兴趣了。兴趣发展是一个动态的过程，要完成从初级到高级的转变必须经过一系列阶段。这个过程需要学生内部因素和外部因素相结合，兴趣才能得到良好的发展，这也就是兴趣（interest）

五、博士生身份认同的时空讨论

转变为趣味(taste)的过程。

促进兴趣(interest)转变为趣味(taste)的重要情境就是科研训练。训练与兴趣相生相伴,无论是兴趣先导还是训练先导,无论是带着兴趣进入训练还是在训练中找到兴趣,只有二者持续互动,才能生成研究者身份认同所需要的 taste。

六、博士生访谈教育叙事示例

直博生小张的科研之路：
从迷茫到自信的转变与职业规划

小张的本科和博士专业都是冶金工程，是一名直博生，现在已经毕业。博士期间主要从事红土镍矿相关金属提取的研究。当时选择直博是因为他认为对于工科而言，对学历的认可度相对比较高一点，它是一个技术层面的东西，学历越高，可能获得的技术等级或者是以后去企业、院所工作得到的认可度会更高一点，也正好有导师向他抛来直博的橄榄枝，所以就顺理成章地在本科毕业后选择直博了。读博前小张并没有一个明确的要读什么专业的构想，但明确地知道不想做什么，也是认为博士学位能

六、博士生访谈教育叙事示例

带给他带来更多的就业机会。

整个博士期间，博一主要在上课，周末的时候会跟随老师做一些实验；博二的时候疫情居家，主要做的就是查阅文献、收集资料；博三就是在做自己的课题；博四就可以出差做实验。实验室的工作时间是每周上6休1，整体还是比较有学习氛围的。组会的频率是每周一次，但不是每个人要汇报，大概每个人一个月汇报一次。小张跟老师的关系很不错，交流也比较多。同时，他和组内同学的交流比较频繁，组内氛围比较好，也会进行学术讨论，但是相对博士班级而言，其他人基本上都不太认识，只是平时一起上课，交流很少。

小张刚直博初期比较迷茫，也比较焦虑，基本上每天都睡不安稳，主要原因不知道当下要做什么事情。而且导师也会和他说，要对自己要求更严格，要自己学自己摸索着做好工作，但对于一个刚本科毕业的人来说，能力跟工作任务是不匹配的，因此会带来很多焦虑，随着经验不断积累就可以按部就班地做实验、发论文。小张在发了第二篇文章之后，焦虑的情绪缓解很多，因为逐渐有了自己的思路，同时压力也有所缓解。

小张说最开始的时候找到一个自己喜欢的课题会很兴奋，也很想继续做下去，但一般做着做着就会遇到一些困难，但整体上是很愿意做下去的。也会做一些"杂活"，这种就谈不上喜欢和讨厌了，只是完成任务就好。小张说研究的过程是枯燥的，但在研究和出成果之间交替，情绪也会保持一定的平稳。最开始遇到困难的时候会求助老师和同学，后来就学会自己去克服，低迷两天就开始重新找方法找思路。

关于读博之后的变化，小张认为因为后续也适当辅导一些硕士，带师弟毕业，他就发现硕士不会考虑问题那么深，大部分硕士考虑只

六、博士生访谈教育叙事示例

要毕业就好,但博士就需要把工作量累积够,工作量要饱满需要有一定的理论基础,包括一些旁枝细节,也需要把它们收拢进去。他比喻博士做的更像是个圆,而硕士做的更像一条线,就是硕士可能只需要把自己这条路理清楚,但是很多延伸的问题就不会去考虑了,总体来说博士的思维逻辑性会更严谨或饱满一些。

小张说自己在博士期间像是科研民工,他认为其实对传统的科目而言,没有那么多的创新,也没有那么多的理论,它是基于一定的量变之后产生的质变,当实验做到一定程度之后,对有些问题就会自然而然去考虑。刚开始的时候老师会安排一些实验和工作,但通过后期实验就会发现很多东西的创新性没那么强,只能是借鉴之后,自己再进行适当的改进。随着跟老师学习,知识水平达到一定水平后,会发现些有些东西可以独立完成了,在这个过程中能力一点一点提升,就像民工一样,进行一点一点的积累。

小张认为他博士期间做的研究成果可能现在没用,但作为学术储备,当需要用的时候,研究成果是完整可行的,所以在研究过程中还是很有获得感的。

职业规划方面,小张期望在北方工作,因此圈定在北京,感觉在高校里当老师相对安稳一点,更适合把学术做下去。

小马的博士之旅:
非典型学术道路的自我探索与成长

小马是一名博士生,正处在他学术旅程的尾声。他预计在 2024 年 7 月完成学业,而他的毕业论文已经提交盲审,目前正处于等待结果的阶段。小马的博士之路并非一开始就规划好的。在他的硕士阶段,他从未考虑过继续深造,直到他的硕士导师在研二上学期提出了读

六、博士生访谈教育叙事示例

博的建议。尽管最初对读博士没有具体计划，但小马被这个提议所吸引，因为在他心中，博士学位不仅是学术上的一个飞跃，还带有某种虚荣心——他觉得如果读了博士，可能会在周围人中显得更为突出。

小马的博士生涯是充满挑战的。由于选择了一个与之前研究领域完全不同的专业，他在博士第一年就需要投入更多的时间和精力去补充基础知识。他的学习方式是结合课程和小组会议。小组会议通常每半个月到一个月举行一次，由导师指定特定话题，学生们需要准备并报告。小马与导师的关系非常融洽，他们不仅在学术上有所交流，导师也关心他的生活状况，甚至在非正式的聚餐中也会进行轻松闲聊。

尽管小马在学术上没有给自己施加太大的压力，但他在心理上感受到不小的挑战。他曾经因为跨专业读博而感到自卑和不够自信，但随着时间的推移，他逐渐通过与同学的交流和自我努力,提高了自己的研究能力,并开始撰写自己的博士论文。在选择论文题目时,他采取一种实用主义的方法,通过参加国际法年会来寻找新颖且可写的题目。他的导师给予他很大的帮助,尤其是在选题、写作和修改阶段,帮助他指出框架、标题、逻辑和论证上的不足。

小马的博士生涯对他的个人成长有着显著的影响。他认为自己最大的收获不是在专业研究方面,而是在学习能力和认知能力上的提升。他通过高强度的阅读和写作训练,提高了自己的外语能力和文字表达能力。尽管他认为自己博士论文的创新性有限,但他确保每一句话都有可靠的来源,体现了他的学术诚信和严谨性。

在职业规划方面,小马并没有打算走学术道路。他将博士学位视为提升自己竞争力的敲门砖,并计划回到实践工作中去。他在央企的实习经历让他感到这个环境非常适合他。小马认为,尽管他的博士研究与未来的工作可能没

六、博士生访谈教育叙事示例

有直接关联,但读博经历对他的能力提升是有意义的,这种能力是可以迁移到其他领域的。

最终,小马对自己的博士生涯给出了70分的满意度评价。他认为自己更多地扮演了学生的角色,而非科研者。他意识到,成为一个博士生是一个逐步深入的过程,需要通过小的成就来积累自信,直到最终完成博士论文并得到认可,他才真正觉得自己是一个合格的博士。尽管小马的博士生涯并非一帆风顺,但他的故事体现了个人努力、自我提升和对未来的积极规划。

小朱的学术探索:
博士生涯的挑战、适应与自我发现

小朱是一位在读的博士生,正处在他学术旅程的第四年。尽管已经完成了开题,小朱对自己的博士生涯有着复杂的感受。他的博士之路并非一开始就规划好的,而是因为硕士阶段导师的邀请和信任，加上自己对继续深造的开放态度，促成了这段学术探索。

小朱的博士之旅起初并不顺畅。由于跨专业的原因，他在博士早期阶段主要忙于上课和补充硕士阶段的课程。随着时间的推移，小朱逐渐感受到研究的难度和挑战，他发现自己对所学专业的内容和要求有着明显的排斥感。这种排斥感并非源于个人情感，而是因为他意识到博士研究的深度和广度远远超出了他最初的预期和兴趣范围。

在博士生涯的第二年，小朱开始面临自主研究的压力。他发现自己在科研习惯培养上存在困难，对于深入文献和撰写论文感到力不从心。尽管导师给予他鼓励和支持，但小朱仍然难以找到持续动力和正确方法来应对学术研究的要求。

小朱的导师，虽然在学术上给予他一定的自由度，但同时也让他感到压力。导师虽有鼓

六、博士生访谈教育叙事示例

励,但对小朱而言,这些鼓励并没有转化为足够的动力。小朱意识到,他需要的不仅仅是鼓励,更需要的是具体的指导和可执行的学术规划。

在博士生涯的后期,小朱开始尝试改变自己的生活和学习习惯,试图通过建立日常规律和参与社群活动来改善自己的状态。他逐渐认识到,要将学术研究转化为日常习惯,才能更顺利地推动自己的学术进展。

小朱的博士论文选题过程同样充满挑战。从博三上学期开始,他就一直在寻找合适的题目,直到次年5月才最终确定。这个过程中,小朱经历了多次选题的变更和否定,最终在导师的协助下找到了一个双方都满意的方向。

尽管小朱在博士期间发表了论文,但他对这些学术成果并没有太多的喜悦感。他比较向往成为一名大学老师,大学老师毕竟还是工作时间稍微自由一点,他认为如果还有一些其他想做的事情，还可以去做。通过与导师和同行的交流，以及自我努力，小朱逐渐找到自己的方向，并对未来的学术和职业生涯保持开放的态度。

小萌的博士之路：
从学历崇拜到学术追求的自我探索与职业规划

小萌是一名博士生，他的故事始于一个简单的决定，那就是追求最高学历——博士学位。尽管他的家人并不完全支持他继续深造，小萌还是在学历的崇拜和未来职业规划考量的驱动下，选择读博。

小萌的专业是教育经济管理学，这是他从本科时期的财政学转向一个全新领域。他的转变一是出于对未来就业规划的考虑，二是对学术的追求。他坦言，自己对博士学位有着一种崇拜，认为这是全球最高的学历，能够为个人

六、博士生访谈教育叙事示例

的成长和工作带来益处。

在博士生涯的早期,小萌的生活几乎被上课填满。由于是跨专业,他不得不额外辅修硕士课程,这让他的学习生活变得非常忙碌。然而,随着时间的推移,他开始感受到学术研究的挑战。他发现自己在研究方向上遇到了困境,而且他的个性并不够坚定和自律,这使得他难以持续地投入到学术研究中。

小萌的导师虽然提供了一些指导,但他认为这些帮助具有一定的滞后性,需要时间去消化和理解。他意识到,要突破目前的困境,只有通过持续和系统性的学习和深入挖掘知识才能实现。

在博士生涯中,小萌感受到孤独和封闭。他认为,博士生之间的合作和交流非常少,每个人都在独立地进行研究。这种孤独感让他将自己定义为一个"孤独的探索者",在学术的道路上独自前行。

尽管面临着挑战,小萌仍然认为他的研究是有意义的。他认为,博士学位不仅仅是为了个人的职业发展,更是一种对知识和学术的追求。他相信,即使博士学位可能不会直接帮助他实现理想,但它为他提供了一个平台,让他能够在未来有更多的选择和可能性。

小萌对未来的职业规划是做高校教师,一方面是因为有寒暑假,但更多的从个人发展方面来说,高校老师能长期跟学生们在一起,学生的思维比较活跃,他们的生活相对悠闲,他喜欢这种大学氛围。

小袁的学术探索:

从自学到交叉学科研究的博士生成长之旅

小袁是一名博士生,他的博士之旅始于对教育学的浓厚兴趣。在社科大完成专硕学业后,他利用居家时间深入研读了大量教育学、高等

六、博士生访谈教育叙事示例

教育和教育哲学方面的书籍。这段自学经历让他坚定了走向教育学研究领域的决心,并最终考入清华大学,开始了博士生生涯。

在博士生涯的第一年,小袁的生活被繁重的课题和课程填满。他参与多个课题项目,带领师弟师妹们一起攻关,同时还参与学院的读书会,每周阅读并深入讨论一本书。尽管任务艰巨,但这一年的辛勤工作为他打下坚实的学术基础。进入博士二年级,小袁开始思考自己的研究方向。在导师的建议下,他意识到需要聚焦于一个领域,以便在未来的学术道路上取得突破。小袁对交叉学科产生了浓厚的兴趣,尤其是学科目录调整和学科规划方面的研究。他在学校某处实习期间,参与学科规划和交叉学科建设项目,逐渐将自己的研究重点转移到这一新兴领域。

小袁的博士生涯并非一帆风顺。他曾面临选择研究课题的困境,但最终在导师和同学的支持下，找到了自己的研究方向。他深入探讨了交叉学科的发展过程，尤其是学科交叉融合的阶段，这是一个学术界尚未充分探索的领域。尽管过程中遇到不少挑战，但小袁凭借坚定的意志和对学术的热情，一步步克服困难，逐渐明确了自己的研究目标。

在职业规划方面，小袁曾考虑过出国留学，但最终决定先在国内完成学业。他意识到，博士生的培养不仅仅是学术研究，还包括实践能力的培养。因此，他积极参与各种项目实践，通过实际操作来提升自己的能力。小袁也意识到，博士生的身份不仅仅是学术上的标签，更是一种社会认可和个人价值的体现。

小袁的导师对他的学术成长起到重要的支持作用。在小袁面临是否出国的抉择时，导师尊重他的决定，并提供了有益的建议。小袁也考虑过部委选调的就业方向，希望通过实际工作来应用自己的研究成果。他的导师在这方面

六、博士生访谈教育叙事示例

也给予支持,帮助他联系实习机会,为他的未来职业发展提供了宝贵的资源。

小袁作为一个年轻学者在学术道路上成长和探索,展现出博士生在学术研究、职业规划和个人价值实现方面的挑战与思考。通过与导师和同学的交流合作,他逐渐找到自己的研究方向,并对未来的职业生涯有了明确的规划。

小夏的博士生涯:

从教育行业变革到高校职业规划的学术之旅

小夏正处在他博士生涯的后期。他的博士生涯始于对外交学的兴趣和对更高学位的追求。他的学术之路并非一帆风顺,首次考博未能成功后,他选择了工作。然而,在教培行业的工作经历和当时国家对教育行业的政策调整,即"双减"政策下,让他面临行业变革带来的不确定性。在这样的背景下,小夏决定再次考博,一方面是为了继续深造,另一方面也是为了未来有稳定职业。

小夏在读博期间的学术活动十分丰富。博一时,他主要参与了与俄罗斯相关的外交官培训活动,这不仅锻炼了他的筹备能力,也加深他对外交学领域的理解。在博一下学期,他通过阅读英文文献和参与组会,逐渐找到自己想要深入研究的学术方向。博二期间,他开始细化自己的研究,并尝试投递论文到学术论坛。到了博三,他则全身心投入到毕业论文的撰写中。在职业规划方面,小夏一直有着明确的职业目标——进入高校工作。他认为博士学位能增加自己在就业市场的竞争力,尤其是在高校或研究院这样的学术机构。他看重高校工作的假期安排和相对自由的时间安排,这让他能够在学术研究和个人生活之间找到平衡。

小夏的导师对他的学术成长起到了重要的

六、博士生访谈教育叙事示例

支持作用。尽管在选题时未能得到导师的及时指导,导致研究方向的敏感性给论文发表带来了挑战,但导师在了解情况后,并没有阻止他,而是给予必要的帮助和指导。小夏也意识到,如果导师当时在场,可能会建议他选择不同的研究方向。

在博士生涯中,小夏并没有感受到强烈的竞争压力。他认为师门内部更多的是互帮互助的氛围,而非竞争。即使在班级内部,竞争也不是特别明显,除非涉及到评奖评优等事宜。小夏的博士生活并非只有学术研究,他也会参与一些生活上的聚会,但这些活动并不频繁。

小夏对博士生的身份有着自己独特的理解。他不认为自己与硕士生时有太大的区别,甚至觉得自己更像是一个更高级别的学生。他认为博士生的角色更多的是学习吸收和尝试产出的过程,在这个过程中,导师的指导仍然占据着重要位置。

在博士生涯的满意度上，小夏给出了85的高分。他对自己的整体体验感到满意，无论是在个人成长、与导师的关系，还是与同学和朋友的交流方面。尽管在写作毕业论文的过程中会感到烦躁，但他认为这个过程对个人是有意义的，也认为自己的努力能够为个人生涯带来成就。

小杨的学术探索：
博士生身份认同的自我实现

小杨是一位教育管理学专业的博士生，他的博士生涯是在硕士期间积极体验的激励下开始的。他曾因对教育领域的兴趣和对培训工作的热爱而选择教育学专业。硕士期间，他获得了丰富的学术和实践经历，这让他决定继续深造，攻读博士学位。

在博士第一年，小杨的生活主要以上课为

六、博士生访谈教育叙事示例

主。尽管课程要求严格,但他感到整体氛围相对轻松。他的导师在这一年里给予他较大的自由度,让他自主探索研究方向。然而,进入博士第二年,随着课程减少,他开始与导师进行更频繁的沟通,这也标志着他学术生涯中的一个新挑战。

博士二年级,小杨开始与导师磨合,共同推进研究工作。然而,这一时期并不顺利。他和导师在研究兴趣和方法上存在分歧,导师倾向于质性研究,而小杨则更偏好量化分析。此外,导师的高要求和控制欲也让小杨感到压力重重。在一次暑假的研究中,他甚至感到极度沮丧,情绪崩溃。

尽管如此,小杨并没有放弃。他坚持自己的研究兴趣,并在博士三年级开始逐渐看到成果。他开始发表文章,并在学术界建立起自己的声音。这一时期,他与导师的关系也有所改善,双方都开始相互理解和尊重。

在博士生涯的后期，小杨开始考虑未来的职业规划。他意识到，博士学位不仅仅是学术成就的象征，更是一个研究者身份的体现。他对自己的博士生身份有了更深的理解，认识到作为一个博士生，需要不断地进行研究和探索，才能在自己的领域内取得突破。

小杨的故事也是对博士生身份认同的探索。他认识到，博士生的身份不仅仅是学术上的，更包含个人的成长和自我价值实现。他开始理解，博士生的生活虽然充满挑战，但也是一段宝贵的经历，它塑造了他的思维方式和解决问题的能力。

小杨对自己的博士生涯给出积极的评价。尽管过程中有挫折和困难，但他仍然感激这段经历，并认为它对他的个人成长和未来职业发展都有着不可替代的价值。他对未来充满期待，无论是继续在学术领域深入研究，还是将所学应用于实践工作中，他都准备好迎接新的挑战。

六、博士生访谈教育叙事示例

小赵的博士之路：
通信与信息系统博士生的挑战与成长

小赵是一位通信与信息系统专业的博士生，最初小赵原本并没有打算继续深造，但由于准备较晚，错过保研的最佳时机，最终选择了北理。他选择读博并非出于对科研的热爱，更多的是出于对未来就业的考虑以及为了实现父亲的期望。小赵的父亲一直认为读书是好事，读到最高学位自然更好。尽管小赵的母亲和姐姐对他的选择有所保留，但最终还是尊重了他的决定。

小赵的博士生涯可谓是一步一个脚印。从博一开始，他便投入到强化学习与路径规划的项目中，尽管过程艰难，但也积累了宝贵的经验。到了博二，他继续深化研究，并尝试将研究成果转化为论文。博三时，小赵开始接触机器人领域，尽管遇到了重重困难，他逐渐掌握了机器人的调试技巧,并成功完成了相关研究。

然而,小赵的博士生涯并非一帆风顺。在准备开题报告时,他感到前所未有的压力。博五时,由于研究内容的拖延,他不得不面对紧迫的时间表。幸运的是,他最终克服了种种困难,顺利完成研究,并在博六时开始准备预答辩。

小赵在未来的职业规划上,曾考虑过成为一名教师,但也在继续考虑其他出路。他认为读博提升了他的能力,其中包括写东西的能力。

小赵对导师的评价颇为复杂。他认为导师经常无故批评学生,甚至在一些小事上表现出极强的控制欲。尽管如此,小赵还是努力维持与导师的良好关系,因为他深知导师的影响力不容小觑。即使毕业后,他可能仍会与导师保持联系。

小赵对整个博士生涯的满意度给出了90

分。尽管他对导师有所不满,但他认为自己已经取得了应有的成就。小赵的博士生涯虽然充满挑战和不确定性,但也展现了一个博士生在学术道路上的坚持和努力。

小王的博士生活:

教育经济学博士生的期望、挑战与自我探索

小王是一位教育经济学专业博士一年级的学生,她的读博之路受到多方面的影响。她的父母,尽管学历不高,但对高学历有着极高的期待。他们希望小王能够完成他们未曾实现的学术梦想。此外,小王的硕士导师对她的科研潜力给予极大的鼓励,这也成为她选择继续深造的重要原因。同时,小王的男朋友也在攻读博士学位,两人的相互支持让她感到读博之路不再孤单。

她的父母将博士学位视为一种光环,即使不与具体职业挂钩,也是值得骄傲的成就。小王坦言,她对科研有一定的兴趣,而她的男朋友虽然对科研并无太大兴趣,但也是在母亲的期望下继续读博。

小王目前的博士生活主要包括课程学习、课题组工作、参加会议以及修改之前撰写的论文。她认为尽管课题组的工作安排似乎并没有特别明确的时间表,但大家都会根据自己的任务来安排时间。小王认为,这种任务导向的工作方式对于刚入学、缺乏自主规划能力的学生来说是有益的,但对于有明确目标和规划的人来说,可能会成为一种负担。

在学习习惯方面,小王说自己并没有固定的学习时间,更多是依赖于任务的驱动。这种工作模式在一定程度上锻炼了她的科研能力,但也让她感到缺乏自主性。

与导师的关系方面,小王认为导师既亲切

六、博士生访谈教育叙事示例

又朴实,很少给予负面评价。她认为,导师的支持和鼓励是她科研道路上的重要动力。同时,她也提到了男朋友的导师,他的教育方式较为严厉,给予较多的负面反馈,这使得小王的男朋友不得不更多地依靠自己来调节压力。

小王在描述自己对未来职业的规划时,表达了对成为高校教师的向往。她认为,这样的职业既能满足她对科研的兴趣,也符合她对稳定生活的期待。她坦言,自己对未来的想象在很大程度上受到导师的影响,她羡慕导师们的生活方式,并将其视为自己的梦想。

小王认为当她在完成任务中发现了新的东西,或是有了创新的想法时,她会对自己博士生的身份认同感有所增强。她也意识到,博士生的身份认同是一个复杂的过程,涉及多种角色和期望。

小王反思自己的博士生涯,她认为尽管课程学习有时候显得有些负担,但它们确实为她

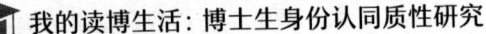

提供了思考问题的机会，也增加了与老师和同学交流的机会。她觉得，博士课程更加注重问题导向，鼓励学生围绕自己感兴趣的领域进行深入研究。

小潘的博士之旅：
从学术向往到职业规划的博士生

小潘目前是一名应急管理专业的博士生。她选择读博的原因有3个方面：对学术的向往、与导师合作的愉快经历以及对自己职业发展规划的不清晰。小潘读博的想法主要在硕士阶段形成，尤其是研一下学期，对硕士学习的认可和博士机遇的出现，促使她继续深造。小潘的硕士导师并非她现在的博导，因为硕导即将退休，她选择了跟随同一研究方向的另一位教授继续读博。

小潘读博的初衷是，她认为博士不仅是

六、博士生访谈教育叙事示例

学术追求，更是一种人生经历。她将读博看作是从小学到研究生教育的自然延续，这种上学的惯性在她选择读博的过程中占了相当大的比重。同时，她对研究的态度是不讨厌甚至有些喜欢，这种态度在她决定读博的思考中占据一半的比重。

小潘回顾自己的读博历程。博一时，她利用本校直升的优势，顺利地开始科研工作。由于是导师的第一个学生，她得到导师的大量指导和科研机会。博二时，她担任辅导员，虽然她认为这对她的科研有一定的负面影响，但也是一段宝贵的经历。博三时，她主要专注于开题和深入研究，尽管进度有所延后，但她对自己的研究方向有了更明确的认识。

小潘的科研作息相对固定，这得益于导师的榜样作用和自律。她每天至少投入 8 个小时在科研上。小潘认为博士生的课程对她很有帮助，尤其是那些教授研究方法和理论基础的课程。她觉得这些课程为她的博士论文写作提供了理论和方法上的支持。

小潘说她的选题和研究方向是基于兴趣和导师的课题依托而确定的。她认为博士生应该对研究保持好奇心，这种好奇心是推动她不断学习和探索的动力。小潘说她在研究过程中会遇到很多困难，尤其是面对新事物的学习，但通过阅读文献、调研和导师的指导，逐渐克服这些困难。

小潘对自己的博士生涯有着深刻的认识。她认为，博士生的身份意味着独立开展科研和不断学习新知识。当她深入探索一个研究问题并不断自学时，她不再是一个传统的学生，而是开始转变为一个研究者。尽管她对自己的评价相对谦虚，认为自己是一个普通的博士生，但她的导师和同学们都认为她是一个优秀的学者。

在职业规划方面，小潘希望继续从事学术

六、博士生访谈教育叙事示例

研究。她倾向于在一个科研院所工作，专注于研究，而不是教学。小潘认为研究工作使她能够独立思考和解决问题，这对她的个人成长非常有益。她喜欢在研究中发现有趣的现象和规律，这种发现带来的满足感远超过发表文章或完成项目的压力。

小潘认为她的博士生活的感受是复杂的，她认为博士生活是波浪式的，有时充满乐趣和满足，有时则面临挑战和困境。但总的来说，她觉得读博是一段宝贵的经历，不仅提高了她的学术能力，也促进了她的个人成长。小潘相信无论未来她的职业生涯如何发展，博士生涯都将是她人生中不可或缺的一部分。

小郝的博士生涯：
从学术热情到公务员职业规划的博士

小郝是一位行政管理学专业的博士生，他

的读博之路始于对科研的浓厚兴趣和对未来职业的规划。他在硕士期间便对学术研究产生热情，并考虑到博士学位能为自己的职业生涯带来更多的可能性，尤其是在考虑到可能从事教职或公务员工作时。然而，随着时间的推移，小郝逐渐意识到学术研究对个人健康和精神的高要求，他开始更加倾向于走向公务员体系的工作。

小郝认为尽管博士学位对他而言具有重要的职业导向价值，但他也相信博士学位能为他提供一个不同于其他学位的视角，帮助他更深入地认识世界和思考问题。他特别提到在社科类专业中，博士学位能够提供更深层次的理解和分析问题的能力，这将对他未来的职业发展产生积极影响。

小郝回忆起自己最初产生读博念头是在高中时期，当时受到哥哥的影响，他开始考虑自己是否也能走上学术之路。尽管高考未能如愿，

六、博士生访谈教育叙事示例

但他在本科期间依然保持着对学术的追求,并在硕士阶段确认自己对研究的兴趣。他认为自己在读博过程中最深刻的体验是那些痛苦的熬夜和不断挑战自我思维边界的过程,这些经历是其他工作岗位所无法提供的。

在博士生涯的规划上,小郝的博一生活主要由上课和写小论文组成,同时还需要协助导师处理一些事务。他说自己的工作模式是即使在没有课程任务时,也要保持固定的科研作息。有时也会由于身体和精力的限制,会在宿舍中休息。

在职业规划方面,小郝有着明确的计划。他打算在博士期间参加国考,并考虑在第四年尝试央选和京考。如果这些尝试未能成功,他则计划走学术道路,可能会选择在国内顶尖高校或国外进行博后研究,最终目标是转向高校的教师岗位,并希望未来能转到行政岗位。

小郝认为博士学位在学术训练上可能与他

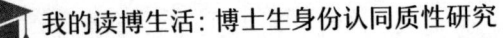

未来的职业目标不完全吻合,但他仍然看重博士经历对个人能力的提升,以及它在精神和思维上的磨炼。他相信这些经历将帮助他在未来无论面对何种挑战,都能够从容应对。

小刘的学术之路:
博士生的成长与职业抉择

小刘是一位行政管理学专业的博士生,她的读博之路并非一帆风顺。起初,她被大学老师轻松愉快的工作状态所吸引,觉得这样的生活非常理想。然而,随着对科研工作的深入了解,她发现自己并不适应科研的艰辛,甚至一度放弃读博的念头。但在硕士期间,导师的鼓励和家庭的支持让她重新考虑读博的可能性。尽管内心有所犹豫,小刘最终还是选择继续深造。

在读博的过程中,小刘的生活被课程、课

六、博士生访谈教育叙事示例

题研究和论文写作填满。博一时,忙于上课和课题,每天的任务排得满满当当;博二和博三时,开始着手写小论文,并经历了一段长时间的居家学习;到了博四,开始集中精力准备毕业论文,并在预答辩和答辩中取得成功。

小刘说尽管写小论文的过程锻炼了她的学术能力,但对她影响最大的还是撰写博士论文的经历。她认为博士论文的写作不仅是学术上的挑战,更是对个人责任感和解决问题能力的考验。在这个过程中,她学会何独立思考和设计研究,这些经验对她未来的职业生涯大有裨益。

小刘的导师给予她很大的帮助,他会以温和的方式指导学生,即使对学生的工作不满意,也会耐心地提出修改建议,而不会严厉批评。这种指导风格让小刘在学术上感到幸福,也帮助她建立自信。

在选择博士论文题目时,小刘并没有经历太多纠结。她的题目是由导师确定的,尽管最初她对题目的选择并不热心,但她很快就投入到研究中。她认为在读博期间,并没有太多时间去深入思考自己的研究方向,更多的是在导师的指导下完成任务。

在职业规划方面,小刘的考虑非常实际。她认为虽然博士培养更偏重于学术型人才,但她个人更倾向于进入公务员体系。她认为博士学位能为她提供更多的就业机会,尤其是在公务员或高校行政岗位上。小刘也提到,她在读博期间并没有特别追求解决现实问题,而是以结果为导向,力求达到毕业要求。

最终,小刘在博士毕业后选择了教职,继续在学术领域深耕。她认为,博士期间的系统训练和独立研究的经验,对于她未来的职业发展有着不可替代的作用。

小刘反思了自己的读博经历,她认为博士生涯不仅是学术上的成长,更是个人责任感和解决问题能力的锻炼。她珍视在博士期间建立的友谊，并认为这些朋友和经历将成为她一生的财富。尽管读博过程中有挑战和痛苦，但她认为这是一段非常有价值的经历，对她的个人成长和未来职业都有着深远的影响。

小黄的学术探索：
博士生的成长与自我挑战

小黄是一名计算机专业的博士生，她的读博之路并非一开始就规划好的。起初，她和爱人都有读博的打算，两人一起准备最终成功申请。对于小黄来说，读博是一次全新的体验，也是一次自我挑战。她希望通过读博，探索自己在学术道路上能走多远。尽管她对科研有一定的兴趣，但她也清楚自己的缺点，比如意志力不够坚定，她希望通过读博来测试自己的极限。

小黄的博士生涯充满挑战和不确定性。在博一和博二阶段，她主要忙于上课和准备课程论文，同时也在焦虑和自卑中挣扎，担心自己跟不上进度。到了博二和博三，她开始考虑出国留学，但最终因为种种原因未能成行。她的研究方向也一直不明确，直到博三博四，她才有机会出国交流，并逐渐确定了研究方向。

然而，即使在确定研究方向后，小黄的博士生涯依然充满波折。她曾因为研究主题的频繁更换而感到崩溃，甚至在与导师的沟通中多次情绪失控。她的导师虽然不会直接否定她的想法，但也不会给出具体的指导，而是通过提问来引导她思考。这种指导方式让小黄感到迷茫，她不确定自己是否能够坚持下去。

在博士生涯的后期，小黄终于确定研究主题，并开始深入研究。她开始准备开题报告，但过程中又遇到换导师的困难。尽管如此，她还是坚持下来，并在最后两年里顺利完成研究工作。她将这段经历比喻为在黑夜中前行，虽然痛苦，但她珍惜并感谢这个过程。

六、博士生访谈教育叙事示例

在职业规划方面,小黄的选择也颇为曲折。她在博士毕业前并没有明确的职业目标,但最终因为爱人的关系,她选择进入高校工作。她的工作主要是行政和服务性质的,与她的博士研究并不直接相关。尽管如此,她认为博士训练中的思维方式对她的工作仍然有所帮助,尤其是在问题分析和解决方案设计方面。

小黄认为她的博士生涯给她带来了深刻的影响。她变得更加坚韧,不再害怕面对挑战。她学会了如何在压力下工作,如何在复杂的情境中找到解决问题的方法。她也意识到,博士生的身份不仅仅是学术研究,更是一种对自己能力的挑战和探索。

小华的留学博士生涯:
人工智能与计算机视觉领域的探索与成长

小华是一位在英国攻读博士学位的留学

生，他的专业是人工智能与计算机视觉。他的读博之路并非传统意义上的学术探索，而是在实践中不断学习和成长。在博一的时候，小华并没有进行深入的文献回顾，而是直接投入到实验中。他的博二生活则被大型项目和实验所占据，这些项目不仅锻炼了他的科研能力，也为他后来的学术生涯奠定了坚实的基础。到了博三，小华开始与亚马逊英国公司合作，参与企业与高校联合的研究项目。这一年，他的工作更多地聚焦于工业界的需求，这不仅让他接触到了实际的工业问题，也为他提供了宝贵的资金支持。小华的博四生活则主要集中在撰写毕业论文和准备发表文章上。

小华说他的博士生涯并没有固定的课程，这与国内的博士培养模式有很大的不同。在英国，博士生的学习更多依赖于自学能力，导师组会提供必要的指导和支持，但大部分时间需要博士生自己探索和研究。小华的科研作息相

六、博士生访谈教育叙事示例

对自由,他每天早晨会进行健身,然后开始一天的工作,包括阅读最新的研究文章、编程和指导学生。他的工作日通常从上午 9:00 开始,一直持续到晚上 10:00。

小华的自驱力来源于他对科研的热爱和对未来职业的规划。他深知,在人工智能和计算机视觉这一竞争激烈的领域,只有不断发表高质量的研究文章,才能在毕业后找到理想的工作。因此,他愿意牺牲个人的休息时间,甚至延长博士学习的时间,以确保自己在学术上有所成就。

在职业规划方面,小华考虑了多个方向。他的导师希望他能留在英国继续做博士后,参与与亚马逊的合作项目。同时,他也在申请美国的博士后职位,希望能在科研领域有更深的探索。此外,小华还考虑成为一名应用科学家,将他的研究成果转化为实际应用。

小华的博士生涯充满了挑战和机遇。他不

仅在学术上取得了显著的成就,也在个人成长上获得了宝贵的经验。

小巩的博士之路:
草学专业博士生的自我探索与职业追求

小巩博士专业是草学,他选择读博的原因,很大程度上是受到在科研院所工作的舅舅影响。尽管小巩并不是特别喜欢农学专业,但他意识到继续深造可以为自己提供更多的发展机会。小巩的博士生涯是从硕士阶段就开始的,他在硕士期间选择了植物病理专业,尽管这个专业与他本科所学的农学专业并不完全吻合,但他仍然决定继续深入研究。

小巩的博士生活并非一帆风顺。在博一时期,他曾因为导师临时更改研究方向而感到迷茫和沮丧。但小巩坚持自己的研究兴趣,并通过大量阅读文献和自我探索,逐渐找到

六、博士生访谈教育叙事示例

了自己的研究方向。他的博士生涯大部分时间都在进行实验和探索,尽管过程中遇到了导师支持不足和经费短缺的困难,但他依然坚持下来。

小巩认为自己的导师在指导学生方面不足,自己在缺乏指导的情况下学会自我学习和成长。他说自己的科研作息完全靠自己规划,没有固定的组会或导师的严格监督。小巩与导师的关系,虽然不算亲近,但他仍然尊重导师,并试图理解导师的立场和限制。

小巩在读博期间的情绪状态总体上是痛苦和挑战。他感到自己像是在经历一场磨难,但他对自己的能力充满信心,坚信自己能够成功完成学业。在小巩看来,博士生的身份不仅仅是一个学术头衔,更是一个不断自我探索和成长的过程。小巩说他很喜欢做科研,他认为做实验还挺不错的,他可以静下心来去做,然后能学到很多东西,也能学得会,还能做得出来,这是很好的。

在未来职业规划方面，小巩表达了自己对科研的热爱和对教学工作的向往。尽管他在求职过程中遇到一些困难，但他仍然希望能够继续在学术领域工作。最终，小巩选择成为一名辅导员，但他并没有放弃科研的梦想。他还在尝试申请基金，希望能够有机会转回教学科研岗位。

小欢的学术追求：
管理学博士生的教育理想与职业规划

小欢是一位管理学专业二年级博士生，他的读博之路始于一个简单而纯粹的愿望——成为一名大学教师。这个想法在他的硕士阶段逐渐形成，尤其是在他的硕士导师，一位经验丰富的学者的影响下，小欢对学术生活产生了浓厚的兴趣。尽管他意识到读博的过程可能会充

六、博士生访谈教育叙事示例

满挑战,但他对于能够成为一名教师,将知识传授给下一代的愿景充满期待。

小欢的博士生涯是从管理学系开始的。他的专业背景与硕士时期相似,但更加深入和广泛。在博士第一年,他主要专注于课程学习,同时也开始申请课题和寻找研究方向。第二年,他开始撰写第一篇文章,并在下学期参加了开题报告,确定了自己研究的大致方向。

小欢读博士期间没有固定的打卡制度要求,而是根据任务的需要来安排自己的时间。他强调了自律的重要性,因为没有人规定他每天必须在办公室工作多长时间。他通常会根据导师的指导和自己的工作进度来规划每天的工作。

小欢认为他在博士生涯中的挑战是与导师的沟通。他描述了一种在学术探索中不断自我怀疑,然后又自我肯定的过程。他提到,有时候导师的建议和自己的想法可能会有冲突,但他学会了如何表达自己的观点，并在必要时与导师进行沟通和协商。在选题过程中，导师给了他一个大致的方向，然后他需要自己在这个方向内找到具体的研究点。他会处理数据，查看效果，并在遇到问题时与导师沟通，逐步调整自己的研究方向。他认为，虽然这个过程有时可能会感到枯燥和孤独，但最终能够找到自己感兴趣的课题，并在这个过程中不断学习和成长，是一种非常宝贵的经验。

小欢对博士生的身份有着深刻的理解。他认为，博士生既是学生，也是研究者，同时也是导师的助手。他认为博士生需要在学术研究和教学工作中找到平衡，同时也要为自己的未来职业规划做准备。他提到，尽管博士生涯中会有各种挑战，但他相信，通过不断努力和学习，自己能够成为一名优秀的大学教师。

职业规划方面，小欢有着明确的计划。他希望能够在完成博士学位后，进入高校工作，成为一名专注于教学和科研的教师。他知道这需要他在博士期间积累丰富的学术成果和教学经验，因此他一直在努力提升自己的研究能力和教学技巧。

小白的直博之路：
信号与信息处理博士生的研究挑战与职业转变

小白是信号与信息处理专业的直博生，他的研究重点是雷达图像和遥感图像的应用。小白的读博之路始于对更广阔就业前景的追求。他认为，博士学位能够为他提供更多的职业选择，而不仅仅是成为一名程序员。尽管他意识到博士生的培养过程中存在诸多挑战，但他仍然坚信，深入研究一个领域将为他的未来带来优势。

在博一时期，他主要参与了课程学习，但

由于新型冠状肺炎的影响，他的研究进展并不顺利。他的导师在小白入学不久后就离开了学校，这使得他在科研上缺乏必要的指导和支持。尽管如此，小白还是设法独立完成了一些研究工作，并在博二时期开始撰写论文。在博三时，小白面临科研上的重大挑战。他的一个关键课题遇到了瓶颈，而他的导师并没有提供有效的帮助。这使得小白不得不自己寻找解决方案，同时也开始考虑更换研究方向。最终，他决定放弃原有的课题，转而开展新的研究，这使得他能够在博三下成功开题。小白的博士生涯并非一帆风顺。他曾经历过一段时间的停滞和自我怀疑，这段时间对他的情绪和心态产生重大影响。他感到自己像是学术上的"孤儿"，缺乏归属感和支持。尽管如此，他还是坚持不懈，并在博四期间准备中期答辩和秋招。

在职业规划方面，小白曾考虑过进入高校

六、博士生访谈教育叙事示例

或科研机构工作，但他最终决定放弃学术道路。他认为，自己的科研成果不足以支撑他在学术界取得领先地位。因此，他开始寻找与自己研究方向相关的工作机会，并最终选择了一家与央企有关的科技公司。

小白的求职经历充满不确定性和挑战。他在秋招期间收到多个 offer（录用通知），但最终选择了一个他认为能够提供稳定收入和较好工作环境的岗位。他意识到，虽然博士学位在求职时为他带来一定的优势，但实际工作中的表现才是最重要的。

小白反思自己的读博经历，他认为，尽管读博过程中遇到很多困难，但这段经历也让他变得更加成熟和理智。他学会了如何在面对挑战时保持冷静，并且对自己的能力有了更深的认识。他相信，这些经历将对他的未来职业生涯产生积极的影响。

小孔的博士探索：
计算机科学与工程博士生的研究与职业抉择

小孔是一位正在攻读计算机科学与工程专业的博士生。小孔对科研充满热情，他之所以选择读博，是因为他认为博士生涯能为他提供一个更广阔的平台，让他能够深入研究自己感兴趣的领域，并做出一些有意义的科研成果。

小孔的博士生涯并非一帆风顺。在读硕士期间，他就已经对科研产生了浓厚的兴趣，但直到硕士毕业前，他才真正决定要继续深造。他曾是专业硕士，而当时专业硕士还不能直接转为博士，因此他不得不重新申请，这让他感到有些不便。尽管如此，小孔还是顺利地开始了博士生涯。

在读博的过程中，小孔发现自己的研究方向与硕士时期相比有所变化。他的博士论文是

六、博士生访谈教育叙事示例

在一个特定的方向上,但随着时间的推移,他现在更关注于技术的落地应用。小孔的博士生活主要由项目驱动,他所在的课题组有7个人,每个人都负责不同的子课题。他们的工作时间相当灵活,通常一周工作5天,但有时因为项目紧急或论文返修,他们也会加班。

小孔和他的同学们关系融洽,他们经常交流研究内容和生活琐事。尽管他们研究方向相近,但并没有出现互相竞争或隐瞒的情况。小孔对实验室的打卡制度感到有些不满,因为虽然导师表面上不强调打卡,但如果他们不在实验室,导师会询问他们的去向,如果经常缺席会受到批评。

在职业规划方面,小孔有着明确的考虑。他不想去互联网大厂工作,因为他觉得那里的工作压力太大。他更倾向于找到一个能够发挥他博士所学、有职业发展前景的稳定单位。小孔认为,读博士的优势在于学术研究、解决问题的能力和专业技能的深入。他希望能够找到一个既能利用他的博士背景，又能提供持续发展机会的工作岗位。

小孔有时候会感到自己被项目压得喘不过气来，而且这些项目与他的毕业论文关系不大，这让他感到自己更像是在给导师打工，而非进行自己的研究。随着时间的推移，小孔对学术研究的热情有所减退，他开始考虑更多与项目管理相关的职业道路。

小孔的导师是一位教授，但小孔认为导师在学术指导上帮助有限。他感到导师更关心的是如何通过项目赚钱，而不是如何提高学生的学术水平。

小孔也提到他的一位师兄，原本两人计划一起做研究，但后来因为项目压力和与导师的冲突，师兄选择独立进行自己的研究，这让小孔感到压力倍增。小孔对学术环境的不满也表现在他对国内博士生培养制度的看法上，他认为国内的学术制度存在问题，导致博士生更像是廉价劳动力，而不像真正的研究人员。尽管面临种种挑战，小孔仍然坚持自己的研究工作。他希望能够顺利毕业，并在未来找到一个能够发挥他博士优势的工作。

小石的研究之旅：
生物医药博士生的跨文化学术探索与职业发展

小石是生物医药专业的博士生，研究方向专注于精神卫生。小石的读博之路始于对知识的渴望和对不同文化背景的向往。在读硕士期间，他就萌生继续深造的想法，并希望能够到境外去体验不同的学术环境。最终，他选择了一个融合东西方文化的地方，开始了他的博士之旅。

小石的博士生涯并非一帆风顺。他的硕士

专业是护理学,而博士阶段则转向了生物医药,这是一个全新的领域。他的博士生活与内地有着显著的差异。他们享受着学校提供的奖学金,这使得他们在经济上相对独立,无需向家里索取生活费和学费。此外,学校的学术氛围也与内地不同,教授们更专注于科研,而行政事务则由其他人员处理。

在学术研究方面,小石的导师给予他极大的自由度。他们每周都会举行组会,讨论最新的研究进展和文献阅读心得。小石的导师不仅是他的科研指导者,更是他的朋友,他们之间的关系非常融洽。在选题方面,小石的研究方向是基于导师以往的研究基础,但他也有很大的自主性去探索自己感兴趣的细分领域。

小石的博士生涯中,他并没有遇到太多困境。他的论文发表过程相对顺利,这在一定程度上得益于他导师的悉心指导和修改。在找工作的过程中,小石也相对轻松,因为他的研究

六、博士生访谈教育叙事示例

方向较为独特,竞争者较少。最终,他选择了在高校工作,而非医院或其他机构,这与他的职业规划和对学术的追求相符合。

小石的学术能力得到显著提升。尽管他觉得课程对他的专业帮助有限,但他通过实验室的实践和导师的指导,逐渐掌握了科研的精髓。他的生活也相对规律,每天从早上8点半到晚上10点,他都会在实验室里度过,这成为他的一种常态。

小石的博士生涯给他带来了深刻的变化。他认为,读博经历让他更加专注于研究,这种专注力是他在博士期间最大的收获。此外,他也感受到自己从一个学生到一个研究者的转变,这种转变不仅体现在学术上,更体现在他的心态和自我定位上。

在职业规划方面,小石有着清晰的认识。他知道自己想要从事学术研究,并在高校中寻找合适的职位。特认为对于博士生而言,了解自己的兴趣和目标,以及如何在学术和职业之间找到平衡点,是至关重要的。

小李的学术追求:
公共管理博士生的成长之路与职业规划

小李是一名公共管理专业的博士生,他的读博梦想始于本科时期。大三上学期,他参加了学院组织的公共政策夏令营,那是他第一次近距离接触到学术前沿的大师们。那种浓厚的学术氛围深深吸引了他,从那时起,读博的念头便在他心中生根发芽。加之他的导师对他的影响和鼓励,小李的读博决心愈发坚定。

小李的博士生涯充满了挑战与收获。他的课程学习采用多种教学方式,包括传统的讲授、翻转课堂以及两者的结合。他特别提到,通过准备和进行汇报,他感到自己的收获最大。除了课程学习,小李还需要自己安排时间进行文

六、博士生访谈教育叙事示例

献阅读、撰写小论文，同时还要学习研究方法、参加讲座和进行调研。

尽管小李在学术上取得了进步，但他的读博生活并非没有压力。他经常感到焦虑和紧张，担心自己的课题进度、学业成绩以及论文发表是否能跟上同学们的步伐。然而，正是这种压力，推动他不断前行，每完成一篇论文，他都能感觉到自己的成长。

小李与班级或专业内的同学交流并不多，除了师门的同门和舍友，他很少与其他同学有深入的交流。他的师门组会是线上进行的，每周一固定举行，必要时还会增加。师门的氛围很好，师兄师姐们乐于助人，虽然存在一定的竞争，但大家都保持着和谐的关系。

小李的导师虽然年纪较大，给他一种距离感，但他们之间的关系是正向的。导师的人品和学术指导对小李有着重要的影响。

小李在学业上遇到过困境，尤其是在科研

与生活的平衡上。他的选题过程也颇具波折，最初确定的题目在初步调研和数据收集后发现可行性不强，于是他换了现在的选题。导师在研究方法上给予了他关键的指导。

小李认为自己的博士生身份已经超越了学生的角色，更像是在从事一份工作。他从内心觉得自己是一名博士生，是在频繁写课题、开组会以及与已经工作的同学朋友交流，感受到思维方式和处事方式的差异时。

对于未来，小李有着明确的规划。他打算在博士毕业后进入高校工作，如果成果不足以直接获得教职，他也考虑继续做两年的博士后研究。

小钱的求知之旅：

人文社科博士生的学术探索与自我发现

小钱是一名人文社科方向的博士生，他选

六、博士生访谈教育叙事示例

择读博的初衷非常简单而纯粹——"想要探索这个社会"。他对知识的渴望和好奇心驱使他坚定地走上这条道路。然而,更深层次的动机还包括对其他生活路径的陌生感和恐惧,以及在学术领域获得的认可和鼓励。无论是在国家竞赛中取得的成绩,还是课业成绩的优异,或是来自他敬仰的老师的肯定和建议,都为他的选择增添了信心。

小钱的博士生涯从博一开始,课程采取讲座、自由讨论和汇报展示的形式。这种多元化的教学模式让他在语言能力上取得显著进步,同时也让他对书籍文献有了广泛的阅读。小钱非常认可这种课程安排,认为通过正式渠道面对面学习知识是非常宝贵的机会。

他在博一阶段并没有被老师安排课题,小钱更多的是自由安排时间。他的时间主要分为助教工作、课程阅读和作业以及探索自己感兴趣的课题。尽管博一的课程压力很大,作业和阅读的质量要求很高，但小钱依然坚持自我驱动，不断探索和学习。

小钱认为，与老师的一对一的交流对认知提升特别有效。而关于方法和写作能力的提升，则全凭自觉去探索。听讲座和阅读书籍对他来说是非常有效的学习方式。此外，他也意识到持续写作练习的重要性，尽管目前他还未能完全践行这一点。

在读博的过程中，小钱最主要的情绪状态是焦虑，占60%，其次是自我怀疑，占20%。尽管这些情绪并不都是积极正向的，但他认识到这是正常的，因为他将读博视为一个打碎自我并重新组建的过程。他意识到，如果到后期仍然以痛苦为主，可能需要寻求医疗援助。

小钱与班级或专业内的同学交流很多，他们都是真诚且友善的人。平时一起吃饭时，他们会讨论时事、学术问题两三个小时。尽管如此，由于每个人都有自己的事情要做，这种频

六、博士生访谈教育叙事示例

繁的交流可能不会持续太久。

小钱所在的师门并没有定期的组会。如果需要导师的帮助,学生们会主动发邮件联系,导师会进行一对一的交流。小钱与同师门的同学建立了良好的联系,他们互相帮助,乐于倾听,氛围非常好。

小钱与导师的关系是平等、互相尊重的。导师是一个有责任感的人,但不会对学生有过高的期望,也不会安排杂活。因此,学术成就的高低完全取决于学生自己的内驱力。小钱认为这种关系是总体正向的。

对小钱来说,目前最大的挑战是语言环境和理论积累。语言是他入学后遇到的第一道壁垒,听不懂、说不出,需要一段时间来适应。理论学习是每一个人文社科学生遇到的难关,小钱总是觉得看的东西太少,因此害怕表达观点。

小钱对未来职业持开放态度。他认为什么都有可能,但核心目标和期待是希望自己所学的能够有用。因此，无论是教职还是业界，他都会考虑。

小钱认为当他开始变得不懂人情世故，晚上因为学术问题而失眠，整个人处于不断收敛而非发散的状态时，从内心觉得自己越来越像个"博士生"。他倾向于将读博视作一段普通的人生经历，认为博士身份并不代表更多。

小严的学术追求：
土地管理博士生的求学之路与职业规划

小严是一名土地管理系的博士研究生，他选择读博的原因有三个：博士梦、名校梦和教职梦。他一直对博士这个学位充满羡慕和崇拜，认为博士是求学阶段的终点，是攀登学术高峰的必经之路。同时，他也渴望进入梦寐以求的名校，享受那里丰富的学术资源、就业资源和校友资源。更重要的是，他梦想成为一名大学

六、博士生访谈教育叙事示例

老师，享受较高的社会地位、收入水平和相对自由的时间。

他所在的学院课程主要以学生汇报环节为主，名义上是为了提高学生的主动性和能动性，但实际上他感到教师对授课环节的重视程度不够。由于硕士阶段主要修习经济学，他对公共管理知之甚少，很难接受公共管理的理论。他认为，与经济学相比，公共管理的理论过于乏味。

除了老师安排的课题和规定任务，小严将主要精力用于写论文，其次是与研究伙伴交流研究思路，以及适当的休闲放松。他发现，白天各种不确定性导致真正沉下心来做研究的时间并不多。与研究伙伴交流或寻找合适的研究伙伴是读博阶段十分重要的事情，这决定了之后的研究效率和进展。

小严认为，好的合作伙伴、和专业论坛对他的能力提升最有帮助。好的合作伙伴有助于完善研究思路、提升研究能力以及发表研究论文。B 站上各种类型的博主分享技能,帮助他快速获得能力的提升。专业论坛则帮助他了解期刊的偏好和特征,这是博士生非常重要的一项能力。

在读博阶段,小严的主要情绪状态是烦躁和迷茫。面对众多的课题申请和研究报告,他常常感到压力较大。论文写作和审稿的漫长周期也常常消耗他的心力。他感到迷茫,因为写论文和报告似乎没有太大的实际意义,这让他质疑读博的意义。

小严与班级或专业内的同学交流不多,因为大家的研究方向差异很大。博士班级的同学几乎没有什么交集,每个人都忙于处理博导的事情和自己的学术工作。他们师门的组会平均每两周开一次,以发表论文汇报和工作论文汇报为主。由于博导的行为风格和处事习惯,师门内部的氛围十分和谐,大家都是相互帮助的

六、博士生访谈教育叙事示例

状态。

小严与导师的关系是具体的、正面的。导师在学术方面的要求不高,对发表论文中的作者位次也没有明确要求,这让博士生们感到满意。导师关心大家的身体情况,经常嘘寒问暖,让大家感到暖心。

小严遇到的学业困境就是发表论文问题。长时间没有新论文的发表让他感到焦虑。在选题过程中,他通过阅读论文、与老师和合作者交流以及对现实的观察来确定研究方向。

小严的职业规划是寻找教职工作,继续深耕城市与房地产经济学、土地经济学领域,发表高质量的文章,继续提高学术水平,最终拿到终身教职的待遇。

小严在自我博士认知上是有一定过程的。在确定博士录取名单后就,从认知上确认自己是一名博士研究生。与研究生朋友庆祝时,他在情感上确认了自己的博士研究生身份。当博士生导师安排他带硕士研究生和本科生的毕业论文时，他在行为上确认了自己的博士研究生身份。

小严认为博士生身份是学习阶段的终点，工作生涯的起点，但最终身份还是学生。博士生阶段最重要的是系统的学术训练，学习新的研究方法，积累研究知识，做出有意思的研究。博士生要提升学术水平，改变看待问题的角度，为实际政策制定和社会问题解决提供专业建议。

小孙的学术探索：

国际关系博士生的跨专业学习与职业展望

小孙是一名国际关系与公共事务学院的博士研究生。小孙选择读博的原因，源于硕士阶段的学习经历。他发现自己对科研有着浓厚的兴趣，并渴望未来能在高校获得一份工作。在导师的鼓励和建议下，他决定继续深造，攻读

六、博士生访谈教育叙事示例

博士学位。

小孙的博士课程形式与硕士阶段相似,老师讲授几周的课程后,大部分时间留给同学们做汇报,然后进行点评和提问。此外,还有一些纯粹的研讨课,同学们根据课程大纲阅读文献,然后在研讨会上各抒己见,老师对关键问题进行强调和阐释。对于小孙这样跨专业读博的同学来说,这样的课程设置还是颇有收获的。

除了老师安排的课题和规定任务,小孙的时间安排相对灵活。他主要阅读专业书籍,进行科研进展,撰写小论文,同时也参加一些社交活动和运动锻炼。在他看来,研究方法类课程对他的研究提升帮助最大。

小孙在读博过程中的主要情绪状态是"持续性摆烂,间歇性努力"。学业上的困境对他来说是一大挑战,他需要处理好科研与生活的平衡,这也是他人生阶段的磨炼和成长。

小孙觉得自己是一名博士生的时刻并不多，因为目前的科研状态与硕士阶段差别不大。但在准备毕业论文撰写、与老师和师兄师姐讨论研究时，他对自己的博士生身份会有更深的认同。在他目前的认知中，他仍然把自己当作一名学生，尽管有人认为博士生应该把博士生涯当作一份工作，但他个人的性格原因使他难以做到定时定量的产出。

小孙与班级或专业内的同学有一定交流，主要通过班级活动和专业课程。他们师门的组会不定时召开，形式和频率各异。他与导师的关系比较正常，但由于导师非常忙碌，交流并不会太多。导师的学术地位让他有一种天然的距离感，但偶尔的交流和点子总能让他思考很久。

目前，小孙还没有进行开题，他正处于广泛阅读文献、寻找研究想法的探索阶段。未来职业方面，他没有明确的规划，但倾向于在高校找一份教职。如果没有满意的 Offer，他也能接受事业单位、党校或公务员的工作。

小周的求知之旅：
行政管理博士生的学术探索与职业规划

小周是一名行政管理专业的博士研究生，他选择读博，一方面是因为他对现有的研究领域不太感兴趣，想要深入学习公共管理领域的知识。他觉得行政管理的一些知识内容不仅有意思，而且对当下的社会实践有更多的指导意义。另一方面，他希望通过学习解答自己心中的疑惑，求知是他选择读博的重要原因。

小周发现，现在的课程学习方式与本硕期间有很多共性，但也存在差异。现在的课程更倾向于学生主导，老师不主讲，而是让学生来展示。这种方式虽然能培养学生的自学能力和表达能力，但小周觉得过于频繁的学生展示导致效率较低。

他总会感到学习压力较大,他需要平衡课程、作业和科研任务。他希望能适度休息和学习,保持身体健康,同时养成文献阅读习惯,慢慢积累学术知识。他希望能从实地调研中吸取更多灵感,对研究方向进行更深入的学习。

小周在读博过程中的主要情绪状态是焦虑。他觉得现在年轻人的心理问题很严重,社会压力大,对未来、学业和职业的焦虑普遍存在。他意识到需要打破之前的坏习惯,让读博变得更有内驱力。他发现,随着学历的提升,与班里同学的交流变得越来越少,大家都像是原子化地学习和工作。他与室友交流较多,感觉班级人数较少时更容易接触。他们师门主要通过线下组会的方式交流,两周一次,主要汇报学习近况,互相提问和解答。

小周与导师的关系很好,导师是一个很好

六、博士生访谈教育叙事示例

的人,在学习上和生活上都给予很多帮助和鼓励。每次与导师的交流都能有新的收获。

小周认为他不是那种特别卷的人,对学业任务的态度是完成就行。这可能导致他目前没有很好的成果积累和专业基础。他认为读博时的挑战一是跨专业的陌生,二是研究方向的找寻。他通过阅读核心期刊最新文献来选题,从感兴趣的领域以及老师和同学关注的话题中寻找启发。

对于未来职业,小周表示走一步看一步,但他也意识到没有太多犹豫的时间。他觉得现在定下来可能过早,但如果不早早定下来,未来可能会吃很多亏。他一直处于犹豫和纠结的状态。

小周坦言,他现在都没有将要读博的实感。他觉得只有到毕业那一刻,他才算是一名真正的博士。他希望通过读博过程,不忘初心,实现自洽,扮演好一个求知者的角色。

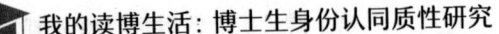

小文的学术之路：
文科博士生的挑战与职业迷茫

小文是一位文科专业二年级的博士生，她选择读博的原因很简单——不想就业。在这个竞争激烈的社会，她选择了一条更为纯粹、也更为艰难的道路。

小文的博士生涯充满了挑战。博一的时候，她上了很多课，课程形式与本科研究生差不多。老师们水平很高，她从中获益匪浅。然而，除了老师安排的课题和规定任务，她的时间安排显得有些凌乱。

在小文看来，社会时间和田野调查对她的能力提升最有帮助。然而，整个读博过程中，她的情绪状态并不乐观，焦虑和抑郁成为她的主要情绪。她与班级或专业内的同学交流不多，师门也没有固定的组会，大家主要通过微信小群聊天。她与导师的关系很好，导师在学术和

六、博士生访谈教育叙事示例

生活上给予她很多帮助和指导。

小文在学业上遇到困境,论文写不出来,发表不理想。她感兴趣的领域和导师的研究方向不一样,这让她在学术上感到非常吃力。选题过程也一直被否定,直到后来灵光乍现。

小文在师弟师妹称呼她为"师姐"的时候,会有自己是博士生的感觉,但平时并没有太多特别的感觉。在她看来,博士生就是科研民工,论文制造机。她认为,文科博士都有自己的研究领域,但很多时候大家都在自嘲"混口饭吃,不要认真"。

对于未来职业,小文感到迷茫,不知道未来的路在哪里。青椒(青年教师)的压力让她感到喘不过气,经济下行的大环境也让她感到迷茫,觉得未来没有好的出路和归宿。

小文观察到,身边的同学都很自律,每天早出晚归,卷得不行。大家各自有各自的小算盘,对彼此非常关注,但班聚等活动却鲜有人

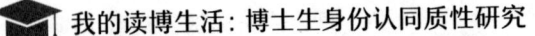

感兴趣，缺乏情感交流，只有利益竞争，这让她感到心累。她理解内卷的现状，但感到非常焦虑和孤独。

小郑的学术探索：
公共管理博士生的自我怀疑与职业展望

小郑是一名公共管理专业的博一学生，她的读博之路从本科时期就开始酝酿。在本科期间，她遇到两位非常负责的导师，他们对她和几位同学进行了大量科研训练。在保研时，老师询问了每个人对未来的规划，是工作还是读博，并根据规划推荐不同的保研项目。在老师的不断逼问下，小郑经过深入思考，坚定读博的想法。硕士期间，她一直坚持这个想法，最终按部就班地开始了博士生涯。

小郑的博士生涯从博一开始，课程形式是老师讲授与同学汇报各占50%。但她觉得这样

六、博士生访谈教育叙事示例

的课程并没有太多收获。她的导师比较好，没有安排太多课题和规定任务，给她留出了较大的自由空间。

在小郑看来，读博期间对她能力提升最有帮助的可能是对情绪的消化能力，尽管她觉得自己在这方面还没有做得足够好。她在读博过程中的主要情绪状态是自我怀疑和压抑。

小郑上博士以后，与同学的交流变少了，主要是和室友交流较多。他们师门没有固定的组会，主要是大家各自做自己的事情，然后自学，有了成果可能去找老师汇报一下。导师有行政职位平时比较忙，所以交流相对较少。

目前小郑还是博一，对自己比较放松，还没有遇到什么困境。博士大论文的选题还没完全确定，只是在一次交谈中，导师表示对某个领域比较感兴趣，让她多关注。

小郑觉得博士就是个学位，她现在就是一个学生。她很看不过社交平台上某些用自己博士身份炫耀的博士生。她认为"博士已经很多",大家也只是在自己的圈子里做一些"自娱自乐"的工作罢了。她有时候会觉得不太真实,怀疑自己这样的人真的能推进社会和学科发展吗?

对于未来职业,小郑目前还没有明确的规划,她可能会走一步看一步。她对高校老师、公务员等职业都不排斥。

小许的学术之旅:
公共管理博士生的思考与职业探索

小许是一名公共管理学院的博士研究生,她选择读博的原因比较复杂。本科期间,她遇到一些非常好的老师,他们启发她深入思考,布置实践调查任务,让她在实践中发现和解决问题。学校的老师行政气息不浓,大家都能沉下心来做学术。在老师的熏陶下,她觉得做研

六、博士生访谈教育叙事示例

究非常有意思,能够解决实际问题。本科导师也非常推荐她去当老师,而读博是成为大学老师的必经之路。

小许的博士课程形式多样,有老师主讲,也有学生主讲,还有老师和学生共同讲授的。她觉得博士期间的课程收获较小,与本科相比,博士课程更基础,学习进度较慢,感觉有些浪费时间。

小许的时间安排因阶段而异。如果老师的任务多,她自己的时间就很少,忙完可能已是半夜。如果老师任务不多,她会高效地处理自己的事务,然后放松一下,看电影、吃饭、旅游等。她也会留出时间看书和论文,因为博士期间有发文要求。在她看来,能力提升是多方面的。看书和论文可以保持心境平和,调研可以接触不同的人,突破自己的圈子。面对博士期间的压力,她不断调整自己,变得越来越强大。

小许在读博过程中的情绪起伏较大，有时很开心，觉得未来充满希望，有时又突然不开心，觉得未来很渺茫。她纠结自己究竟喜欢什么样的生活，害怕在重要事情上选错方向。

小许与班级或专业内的同学交流不算多，也不算少，主要与室友、同门和小组成员交流更多。他们师门每周都有读书会，大家在腾讯会议上分享和讨论，平时需要找老师就私下联系。师门关系融洽，互帮互助。

小许的导师很和善，从未见过导师生气。导师比较忙，平时见到的时间不多，但导师态度一直很好。

小许曾有厌学心理，感觉自己学的东西没有用，信念崩塌，不太想写。她发现自己的选题主要来自实地调研和文献阅读，尤其喜欢阅读文章的思考和讨论部分，这对自己的研究思路有很大启发。

小许读博之前的职业规划是成为大学老

六、博士生访谈教育叙事示例

师,但读博后,她对学术的信念有所崩塌。如果能够处理好,成为大学老师仍是她的选择。她也慢慢不排斥去国企或当行政老师,会考虑城市、工资、工作环境和家人,主要围绕幸福指数。

小许觉得博士生身份是多重的。在家里,这意味着她是学历最高的人。对社会而言,这也是一种高学历的代表。从科研上,博士生意味着更加精益求精的研究。成为博士,意味着进入了一场修行,关于心性的、关于知识的,认识自己、认识身边人、认识社会和世界的视角和观点可能都会有变化,可能会更加理性,更加具有个性。

小楚的学术追求:
博士生的学习与职业规划

小楚是一名公共管理学院的博士研究生,

他选择读博的想法从研究生一年级上半期就确定了。他一直很喜欢读书思考的状态，认为文科生不继续深造没有竞争力。再加上硕导（也是博导）的引导，他很早就决定在导师门下继续读博。

小楚的博士课程形式是线下教学，老师授课和学生汇报交替进行。他认为通过课程的学习有一些收获，但不多，主要的学习知识途径还是看书和文献。

小楚的时间安排比较灵活，他没有固定的时间表，但保证每天学习5小时。他认为只要每天都在学习，都能学到一些东西就可以。除了学习，他也会留出一定的个人时间，跟朋友家人待在一起，调剂生活。在他看来，与同学交流对能力提升很有帮助。他们专业背景多样，每个人都有自己擅长的方向。与不同背景的同学交流，学习别人的长处，补齐自己的短处，是非常有用的。

六、博士生访谈教育叙事示例

小楚在读博过程中的情绪状态相对平和。虽然生活在象牙塔里,但他已经是奔三的人,对一切都能平淡地看待。他认为,随着年龄的增长,人自然会变得更加平和安静。

小楚与班级或专业内的同学交流挺多,尤其是博士一年级上半学期课程较多,小组汇报较多的时候。他认为,博士生对待人际交往和竞争关系处理会更成熟,虽然有竞争,但互帮互助的事情也挺多。

他们师门基本没有组会,导师认为好学生会自主学习,不需要组会。导师人很好,不会给学生分配课题任务,只有实在忙不过来才会找学生帮忙。小楚与导师的关系挺好的,属于有事说事,没事基本不打扰。导师每个月都会请学生聚餐谈心,只要保持一定的工作进展,导师就比较温和。

小楚在博一上半期的时候,特别想发论文,但沉不下心来把文章写深写实,所以受阻很久。

后来调整好心态，就没觉得会有太多克服不了的困难。他认为，最大的挑战还是发论文。他的选题过程还在酝酿阶段，大概过程是先结合自己前期的研究积累，思考可能的研究创新和研究意义，然后草拟三级提纲，导师审核后同意的话就继续推进。

小楚认为，文科博士的选择面不广，基本是进高校从事教研工作。他希望能顺利毕业，如果能找到研究方向对口的科研岗位，会选择做博士后，然后进高校。

小楚觉得，博士生是一份工作和职业，论文是直接的产品，国家给的补助津贴是工资。博士培养结果是责任自负的，这不仅仅是因为三十而立，更多的原因是职业要求。他的博士生身份是一个寻求更深的理论解释力的职业科研人。

六、博士生访谈教育叙事示例

小方的学术之旅：
行政管理博士生的成长与职业展望

小方是一名行政管理专业的博士研究生，他选择读博的想法从大学之前就已形成。他对学术研究充满兴趣，而他的硕导（也是博导）也一直鼓励他继续深造。尽管读博过程中遇到很多挑战，但他始终保持初心，认为理性规划不能完全取代感性想法。他的选择也得到了师友、前辈、家庭和同学的理解和鼓励。

小方的博士课程以小班教学为主，形式多样，包括圆桌讨论、研讨会以及授课和课后作业相结合。他认为这种教学方式收获很大，既能获取前沿知识，又能通过汇报和讨论获得启发。

小方的博士生活非常紧凑。他的时间安排通常分为三部分：日常的文献阅读、积极参与学术讨论以及写论文。他认为保持良好的阅读习惯至关重要,而写作则是博士生阶段不断产出成果的关键。

小方在读博过程中的情绪经历了变化。一开始充满新鲜感和憧憬,但随着时间的推移,他开始感受到课业压力和发表论文的困境,情绪出现了焦虑和彷徨。然而,随着时间的推移,他逐渐适应了这种生活,变得更加平和。

小方与班级或专业内的同学交流并不算多,大家各忙各的,见面机会并不多。他们师门的组会形式和频率各不相同,有时候是针对某位同学的成果进行讨论,有时候是定期进行。他很幸运有一位人情味十足、关心学生的导师,他们之间的关系非常融洽。

小方在学业上遇到过困境,尤其是博一上半期的时候,特别想发论文,但沉不下心来把文章写深写实。后来调整好了心态,就没觉得会有太多克服不了的困难。他的选题过程经历了从初步想法到最终确定的多次修正和讨论。

小方认为，现在的就业环境和之前不同，读了博士不一定要从事学术研究。他认为，需要考虑非学术的工作方式，培养多方面的能力，以适应不同的岗位要求。如果有好的机会出现，他会主动选择，但不会执意只考虑学术道路。

小方认为，博士生身份可以分成博士学习和学生身份两个方面。在博士阶段，学习是研究生阶段的升华，也是步入学术圈的前期准备。而作为学生，更多体现在与室友和导师等人的交流中。他的博士生身份对他来说是一种符号，是对外的认同，也是自我提升、能力强化的过程。

小明的学术探索：

行政管理博士生的职业规划与身份认同

小明是行政管理系的博士研究生，他选择

读博主要是出于就业需求。他个人对于未来的工作规划，是想找体制内、最好是高校内的工作，博士学位对此会更有助力。读博不是出于对学术成就或其他目标的强烈追逐感，更多的是权衡之下一种不抵触的选择。

小明的博士生涯课程主要采用教师讲授和学生展示相结合的形式，课堂的自由度较高，老师和学生之间会有比较多的互动。他认为课堂还是很有收获的，收获的多少则取决于个人的知识储备和课前预习的情况。小明在空余之时会进行自主学习，每月会列出书单和文献列表。他不会强迫自己在碎片化时间学习，而是抓住周末和没课的工作日，用较为完整的时间段开展沉浸式学习。在他看来，对他能力提升最有帮助的，是导师对师兄师姐毕业论文的批注。导师会在组会上当众批改师兄师姐的毕业论文，指出他们需要改进的地方，对他来说获益良多。

六、博士生访谈教育叙事示例

小明在读博过程中的情绪状态比较平静。在任务或者作业的截止日期附近会变得较为焦躁不安,其余时刻还是较为平静,不太受外界影响。

小明平时与班级或专业内的同学交流不多,交流范围集中在固定的几个人。他们师门组会没有固定的主题,较为灵活。主要就是为了解决师门内各个同学的需求,有事就说,没事就散。

他和导师很少有私事上的交集,大多数交流是在组会、师门聚会和课堂上。关系较为正向,导师人很好,严于律己、宽以待人,师门氛围也很友好。

小明的论文选题主要是在实践调研的时候发掘的,通过文献阅读得出的假设,利用现实调研情况对其作出检验,其中的支撑证据和矛盾问题都可以放到一个更大的政策框架中进行回顾和理解,从而找出具有张力的研究问题。

小明的未来职业规划比较偏好平稳中带有一些挑战性，希望偏向体制内、最好是高校内的工作，希望可以教书育人成为一名高校教师。

小明认为，博士生身份意味着需要找到让他愿意专注投入全部心神的领域，找到他希望钻研的研究问题，并且在这个方面可以稍稍超越导师的知识储备，从而可以称为某个方面的"专家"，这才是一名合格的博士生。他认为目前他的博士生身份角色应该算"探索者"，由面及点，由广而精，这是他博士生涯的任务。

参考文献

[1]赵祥辉.重审博士生教育质量评价：模式、趋势与争议[J].大学教育科学，2023，198（02）：61-70.

[2]牛梦虎.中国博士生教育发展规模研究[D].华东师范大学，2016.

[3]赵祥辉，陈迎红.我国博士生招生规模变化、争论与进路[J].高教探索，2021（08）：43-49.

[4]汪霞.高质量的博士生教育还需要完善哪些培养制度[J].中国高教研究，2020（06）：9-12.

[5]杨卫.中国博士生教育的发展与改革——体系重塑与高质量发展[J].学位与研究生教育，2023（10）：1-12.

[6] 赵祥辉.重审博士生教育质量评价：模式、趋势与争议[J].大学教育科学，2023（02）：61-70.

[7] 齐善鸿，肖华.管理的科学本源性回归——自我与心性的管理[J].管理学报，2013，10（03）：326-335，352.

[8] 吉本斯，等.知识生产的新模式：当代社会科学与研究的动力学[M].陈洪捷，沈文钦，等译.北京：北京大学出版社，2011：26.

[9] 付玉媛，韩映雄.培养单位如何为博士生不同就业取向做准备——基于全球博士生的调查[J].研究生教育研究，2022（06）：66-76.

[10] 鲍威，杜嫱，麻嘉玲.是否以学术为业：博士研究生的学术职业取向及其影响因素[J].高等教育研究，2017，38（04）：61-70.

[11] 蒋承.博士生学术职业期望的影响因素研究——一个动态视角[J].北京大学教育

评论, 2011, 9 (03): 45-55, 189.

[12] 项蕴华. 身份建构研究综述 [J]. 社会科学研究, 2009 (05): 188-192.

[13] 郑庆杰. 飘移之间: 大学生村官的身份建构与认同 [J]. 青年研究, 2010 (05): 45-54, 95.

[14] 李伯玲. 群体身份与个体认同 [D]. 东北师范大学, 2014.

[15] 肖军. 教育研究中的文献法: 争论、属性及价值 [J]. 当代教育理论与实践, 2018, 10 (04): 152-156.

[16] 风笑天. 社会研究方法 [M]. 北京: 中国人民大学出版社, 2018: 351.

[17] 刘晓红. 教育叙事的理论身份 [J]. 教育评论, 2009 (03): 15-17.

[18] 赵嘉路, 贾晓明. 不同读博动机对博士生专业认同的影响机制研究——基于博士生专业社会化理论视角 [J]. 学位与研究生教育,

2022（03）：74-81.

［19］刘海峰."科举学"：一个广阔而专门的研究领域［J］.厦门大学学报（哲学社会科学版），1999（04）：15-17.

［20］陈婧.集体无意识：女大学生就业难问题的调查与分析［D］.南京大学，2012.

［21］雷云.社会互赖理论视角下博士研究生协作——学习共同体的构建研究［J］.黑龙江高教研究，2018（08）：27-30.

［22］刘子晓.基于兴趣发展四阶段模型的高中生物理学习兴趣培养策略的研究［D］.山东师范大学，2019.

［23］郑觅.博士生专业社会化理论研究概述［J］.学位与研究生教育，2014（2）：62-66.

［24］张姗姗，龙在波.博士研究生的情感体验与身份建构叙事探究［J］.外语教学理论与实践，2022（03）：54-63.

[25] Tayler C. Sources of the self: The making of modern identity [M]. Cambridge, MA: Harvard University Press, 1989:42.